2019年W杯で初の８強入りした日本代表を率いたリーチ主将（中央）

1991年大会ジンバブウェ戦での平尾主将（中央）と
林FWリーダー（中央奥）

『インビクタス』でも取り上げられた1995年対NZ戦。
左から2人目が薫田主将

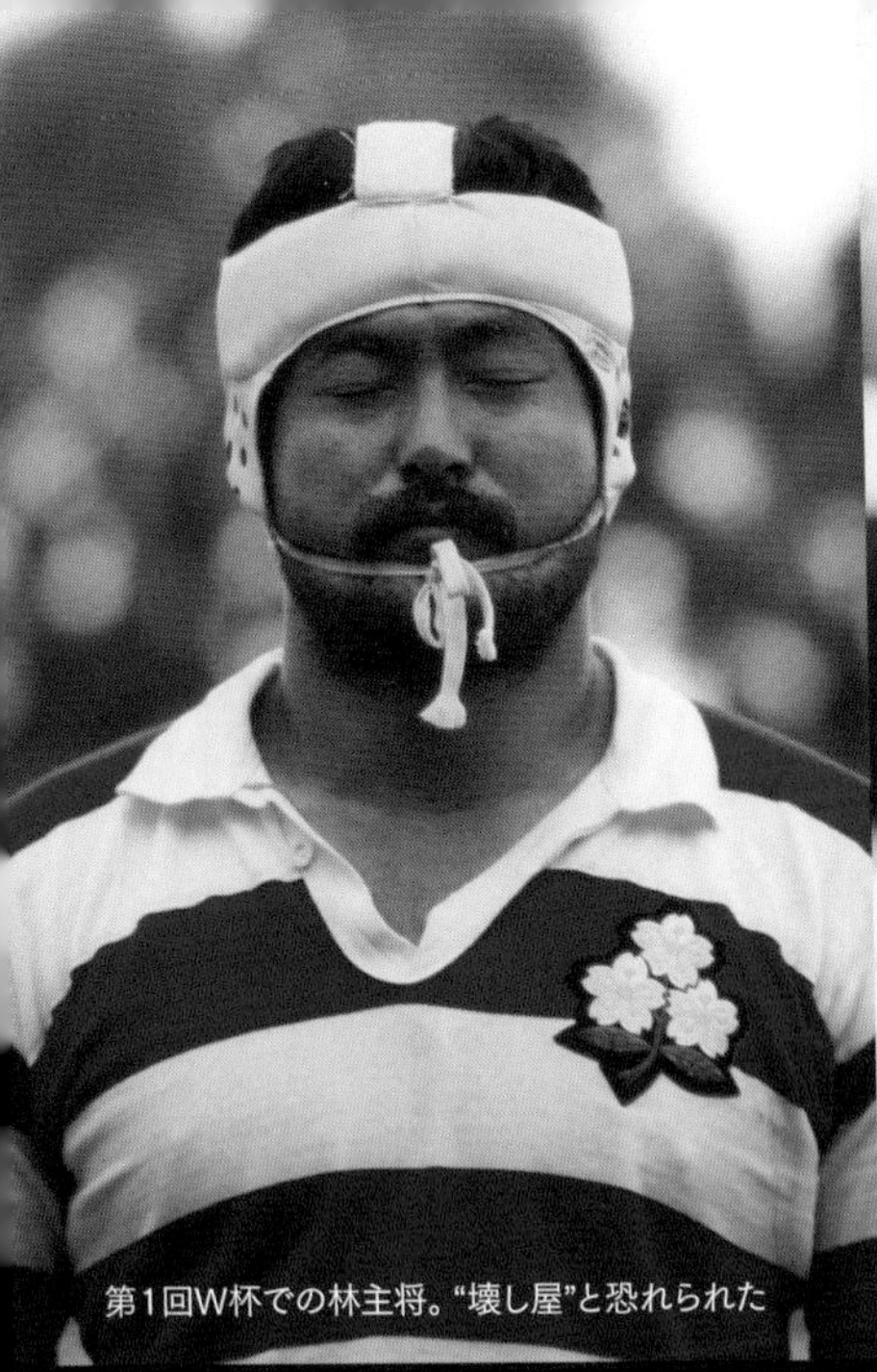

第1回W杯での林主将。“壊し屋”と恐れられた

日本代表監督時代の平尾氏

第4回W杯ウェールズ戦でのマコーミック主将

2003年大会フィジー戦
ラインアウトでの箕内主将（下）

フランスのファンはフィジーを追い詰めた日本を大絶賛（2007年大会）

フル出場を続けていた鉄人・菊谷主将もNZ戦は後半19分に退いた（2011年大会）

2015年大会の南アフリカ戦勝利の瞬間、一瞬だけ渾身のガッツポーズを見せたリーチ主将

W杯４試合でメンバー入りすることのなかった廣瀬氏だが、練習では常に100%だった（2015年大会）

“ONE TEAM”を掲げて、日本中を熱狂の渦に巻き込んだジェイミージャパン（2019年大会）

# 日本ラグビー〝桜のキャプテン〟激闘史

リーチ マイケルと歴代「W杯代表主将」たちの肖像

Memorable and Vibrant Stories of Brave Blossoms' Captains

Michael Leitch and His Predecessors As Great Skippers of Japan Rugby in World Cup History

出村 謙知

Kenji Demura

辰巳出版

# はじめに

ワールドカップの試合で6連勝。

２０１５年から２０１９年にかけて日本代表がなし遂げた、この記録、実はなかなか凄いものだったりする。

19年大会で３連覇を逃したニュージーランドが11〜19年大会でつくった歴代１位の19連勝は圧倒的だが、他は豪州が12連勝（99〜03年）、南アフリカが11連勝（07〜11年）と南半球の３強が２桁の連勝記録をつくったことがあるものの、北半球勢では日本を上回っているのは今回決勝に勝ち進んだイングランドのみ（03〜07年に8連勝）。

これをもって、日本が世界ベスト5の実力を持つようになったと声高に主張するつもりはないが、長年、「ティア1」「ティア2」といういやらしい呼び方で「欧州６カ国対抗組＋南半球ラグビーチャンピオンシップ組」か否《いな》かで強豪国とそれ以外に分けていた〝ワールドラグビー〟界の常識に風穴を開けたのは確かだろう。11年大会までワールドカップで16連敗（1分を挟む）していた「ティア2」国が、15年に南アフリカ、19年にアイルランド、スコットランドという「ティア1」国に堂々たる勝利を収めたのだから。

「すべてがつながっている。ようやく最近、そう思えるようになった」

いまのところ、ワールドカップで勝てなかった最後の日本代表キャプテンということになる菊谷崇《たかし》・元主将は、エディージャパン、ジェイミージャパンと続いた快進撃を目の当たりにして、そんな感想を漏らした。

つながっているのは、勝者であるエディージャパンとジェイミージャパンだけではない。それまでの16連敗、もっと言えば第1回大会から第7回大会までの1勝21敗2分のすべての過程における世界へのチャンレンジがあったからこそ、２０１９年のワールドカップで日本ラグビーに歓喜は訪れたのだ。

本書で紹介するのは、ワールドカップという圧倒的なステージで桜のジャージを先導してきた男たちの物語である。

もちろん、過去のジャパンの世界への挑戦の全容を伝えることは容易ではないし、当然ながらキャプテンだけが世界に挑み続けたわけでもない。
その一方で、15人というフィールド上でおこなうボールゲームとしては、最多規模の人数でおこなうラグビーという競技において、チームリーダーが大きな役割を果たすのは確かだろう。そして、そういう側面が薄れてきているとはいえ、監督・コーチといった指導者たちが試合中、選手たちに直接指示を与えないのも、ラグビーが大事にしてきた文化でもある。
少々、建前っぽい響きもあるが、ワールドカップ期間中の各チームの試合前日練習は監督・コーチが介在しないという意味で、「キャプテンズ・ラン」という名称がわざわざつけられてもいる。

ビクトリーロードとは、いばらの道――。

ジェイミージャパンの快挙によって新たにラグビーファンになった方にも、苦しい時代が長かった日本代表主将たちの奮闘ぶりを通して、２０１９年の歓喜につながる桜のジャージの世界へのチャンレンジの一端を感じてもらえたなら、この上ない幸せです。

※以下、本文中、敬称略とさせていただきます。

# Contents

Contents

写真/出村謙知、赤木真二、ベースボール・マガジン社
ブックデザイン/仲亀 徹(ビー・ツー・ベアーズ)
本文DTP/サッシィ・ファム
編集協力/永田洋光
校正/上田康晴(オフィス銀杏の栞)
企画・編集担当/湯浅勝也


参考文献


『ザ・ワールドラグビー』大友信彦(新潮社)
『ラグビーマガジン』(ベースボール・マガジン社)

［序章］

# 「最強のキャプテン」が牽引し世界8強へ

## リーチ マイケル

第9回 日本大会 日本代表主将

Michael Leitch

2019 Rugby World Cup Captain

# 第9回 ラグビーワールドカップ 日本大会 概要

２０１９年９月20日〜11月２日
優勝＝南アフリカ、準優勝＝イングランド
日本＝ベスト８

（日本の成績＝予選プールＡ組）
○ 30－10 対ロシア
○ 19－12 対アイルランド
○ 38－19 対サモア
○ 28－21 対スコットランド

準々決勝
● ３－26 対南アフリカ

史上初のアジア開催。欧州の旧「５カ国対抗」および南半球の旧「３カ国対抗」参加国以外の国をメインホストとするのは初めてでもあった。

北は札幌から南は熊本まで全国12会場で計45試合がおこなわれ、総入場者数は１７０万人に上った（歴代第４位。なお、３試合が台風の影響で中止に）。

ホスト国の日本は開幕戦でロシアを30－10で下した後、２戦目で優勝候補に挙げられていたアイルランドに19－12で逆転勝ち。さらにサモア戦（38－19）、スコットランド戦（28－21）と白星を重ねて、４戦全勝でプールＡを１位通過。準々決勝では南アフリカに３－26で力負けしたが、

## リーチ マイケル

第９回 日本大会 日本代表主将

決勝でイングランドを倒した南アフリカが3度目の頂点に

史上初のベスト8入りを果たしたことで全国的なラグビーブーム、ワールドカップブームを巻き起こした。

３連覇を目指していたニュージーランドは、初戦で南アフリカを圧倒するなどプール戦では順調に白星を重ねたが、準決勝で「2年以上、この試合のための研究をしてきた」というエディー・ジョーンズ監督率いるイングランドの堅いディフェンスを崩せず7－19で完敗。

イングランドと南アフリカの間で争われた決勝戦は、セットプレーでイングランドを圧倒した南アフリカが、後半マカゾレ・マピンピ、チェスリン・コルビという快足ＷＴＢがトライを挙げて、32－12で快勝。１９９５年、２００７年に次ぐ、３度目のワールドカップ制覇を成し遂げた。

# 「100%ニュージーランダー」の本当の意味

リーチ　マイケルはつねにグラウンドで最強の存在であることを目指してきた男だ。

それは、「179センチしかなかったし、痩せていた」という15歳のニュージーランドからの留学生が、なかなかチームのためになるようなプレーができず、「大きくなって、強くなってやる」と心に決めた札幌山の手高時代から基本的に変わっていない。

悔しい思い、不甲斐ない思いを向上心へのモチベーションに変えて、自らのラグビー選手としての成長につなげてきた。

「100%ニュージーランダー」

ちょうど、マイケル・リーチからリーチ　マイケルに変わった頃だったと思う。

〈ニュージーランド人だと感じるのか、日本人だと感じるのか〉

日本での暮らしもそろそろ10年を迎えようとしていたリーチに、そんな、ちょっと意

## リーチ マイケル

第9回 日本大会 日本代表主将

地悪な質問をしてみたときのこと。「ふだん、自分がニュージーランド人だと感じることはない」と言っていたにもかかわらず、〈では、ラグビーをしているときは？〉と振ると……そんな答えが返ってきたのだった。

「ニュージーランドはラグビーではナンバーワンの国。みんな自分たちが一番であることに誇りを持ってプレーしている。自分も確かにその文化の中で育ったし、グラウンドの上でナンバーワンになるために、プレーしているときはニュージーランド人と同じ感覚でいようと心がけている」

3年間で体重を20kgほど増やしたという札幌山の手高時代を皮切りに、東海大、東芝と、時には日本流の「世界一厳しい根性練」に耐えながらも、グラウンド上でナンバーワンの存在となることにより自らの未来を切り拓いてきたと言っていいリーチ。

「キャプテンはグラウンドで一番強くないとダメ」

2014年に日本代表主将に指名されると、つねにそんなプレッシャーを自らに課しながら、さらなる高みを目指してきた。

実際、たとえばエディー・ジョーンズヘッドコーチの下、最初にキャプテンになった14年のシーズン。10試合あったテストマッチのうち9試合に出場。翌15年シーズンはスーパーラグビーのチーフスの一員となったため日本代表への合流が遅れたが、7月29日のフィジー戦で復帰したあとは、ワールドカップでの4試合も含めて9試合連続でフル出場を果たすなど、頼れるキャプテンぶりをグラウンド上で示し続けていた。

一方、ジェイミージャパンでリーチが主将を務めたのは、17年が4試合、18年が6試合。ワールドカップイヤーの19年も春先に痛めた恥骨の回復が長引いた影響もあって、共同主将に名を連ねたサンウルブズではとうとう試合出場なし（2〜6月がスーパーラグビーのシーズン）。日本代表メンバーで構成されたウルフパック※が5月におこなった豪州遠征では途中離脱して生まれ故郷のニュージーランドで診察を受けたり、「主将＝グラウンド上で最強の男」というキャプテンシーを発揮できないもどかしい状況が続いた。

## 4年間で「自主性」が大きく成長したジャパン

サンウルブズとウルフパックという、メンバーのコンディションを考慮しながら実戦経

※スーパーラグビー「サンウルブズ」のスコッドに日本代表候補選手などを加えた特別編成チーム

## リーチ マイケル

第9回 日本大会 日本代表主将

験を積める存在があったこともあり、19年のシーズン、ワールドカップ前に日本代表が戦ったテストマッチは7～8月のパシフィック・ネーションズカップ（PNC）の3試合に9月6日の南アフリカ戦を加えた計4試合のみにとどまった。

PNC初戦のフィジー戦はリザーブからの途中出場。翌週のトンガ戦ではキャプテンに復帰してフル出場。唯一のツアーゲームとなった8月10日のアメリカ戦(フィジー・スヴァ）でも先発したが、後半17分に途中交代で退き、南アフリカ戦では再びフル出場。

「もう痛みはないし、良くなっている」

その間、そんな言葉を繰り返して、コンディションが万全であることを強調していたリーチだが、そのパフォーマンス自体は、「キャプテン＝最強」を強く印象づけるものとは言い難かった。

コンディションがまだ万全ではないのか。それともゲームフィットネスが足りていないのか。

「4年前よりもゲームプランもフィジカルもメンタルもすごく良くなっている」

地元開催ワールドカップの開幕を前にチームとしての成長に関しては、全面的に自信を持っていたリーチ。

「一番成長したのは自主性の部分。エディーの時は言われたとおりのことを頑張ってやっていたが、いまは自分たちでいろんなことを話し合って、チームのことを決めている」

あとは、「僕は日本ラグビーに育てられた」と胸を張るリーチ自身が「最強のキャプテン」になれるかどうか。

それは、間違いなくジェイミージャパンが自国開催ワールドカップでベスト8入りを果たして、再び「世界を変える」ための大きなポイントだった。

## 「最初の試合が一番難しい」。危惧どおりとなった開幕戦

スコットランド、アルゼンチン、ウェールズ、アイルランド、オーストラリア、フランス、イタリア、ニュージーランド、イングランド、そして南アフリカ。

ラグビーワールドカップ2019にいたる4年間で、日本代表はいわゆるティア1と呼

## リーチ マイケル

第9回 日本大会 日本代表主将

ばれる世界トップ国すべてと対戦してきた。

その過程で、トゥイッケナムやミレニアム・スタジアム、あるいはパリの新スタジアム（多目的アリーナ）といった特別な場所でのプレーも経験。開幕直前の強化試合では自国のワールドカップ会場が満員になる雰囲気も体験ずみだった。

それでも、「一生に一度だ」というキャッチフレーズで盛り上げられていたワールドカップ開幕戦の雰囲気は選手たちの想像を超えていたのだろう。

開幕前時点での世界ランキングでは10位の日本に対してロシアは20位。順当にいけば、負ける要素がない試合であるかのように思われていたが……。


「最初の試合が一番難しい」

19年9月20日。5万人に迫ろうかという大観衆が客席を埋めた東京スタジアムに姿を現わした日本代表選手たちの動きは明らかに硬かった。

信じられないようなミスから先制トライを許し、前半終了間際までリードを許す厳しい展開となった。

最終的には松島幸太朗のハットトリックなどで30－10まで点差を広げ、時間の経過とともに本来のパフォーマンスを見せられるようになったメンバーも多かったが、その一方で、いつもどおりに23人の先頭に立って東京スタジアムのピッチに登場してきていたリーチのプレーは正直言えば冴《さ》えないものに終始した。

日本代表のテストマッチをはじめ、マイケル・リーチ時代も含めて、リーチ マイケルのプレーを100試合ほど撮影してきた立場から言っても、これほどまでに彼のいい写真が撮れない試合は過去に経験がなかったたし、その冴えないパフォーマンスはスタッツからも明らかだった。

この日、ボールを持って前進した距離は同じFW第3列の姫野和樹が121m、ピーター・ラブスカフニが61mだったのに対してリーチはわずかに19m。タックル回数は姫野が13回で100%の成功率で、ラブスカフニはチーム最高の18回タックルに行って、1度だけ失敗。それに対してリーチのタックル回数はわずかに4だった。

そんなふうに開幕戦でパフォーマンスが上がらなかったキャプテンに対して、ジェイミー・ジョセフは重大な決断をすることになる。

## リーチ マイケル

第9回 日本大会 日本代表主将

# 「20番」をつけた主将のパフォーマンスが奇跡を呼ぶ

「ロシア戦のマイケルのパフォーマンスは十分ではなかった。ベストな選手を選ぶ必要がある」

次戦のアイルランド戦（9月28日）の先発メンバーからリーチを外し、姫野―ラブスカフニ―アマナキ・レレイ・マフィの3人をFW第3列のスターティングメンバーとして静岡・エコパスタジアムのフィールドに送り込むことにしたのだ。

アイルランドの大会開幕前時点での世界ランキングは1位。日本と対戦する6日前には6カ国対抗のライバルであるスコットランドをノートライに抑える完璧なパフォーマンスを見せて27―3で完勝。

過去のワールドカップで4強入りしたことのないアイルランドだったが、今回ばかりは有力な優勝候補と目されていた。

「人生最高の試合をする必要がある」

ジョセフが力強く宣言したとおり、強豪アイルランドを倒すためには、最高のチームパフォーマンスが必要なことは明らかだったが、15人がそれぞれ最大の力を出さなければいけない状況下において、リーチが80分通してベストパフォーマンスを続けられる可能性は低いと判断されたのだ。

6番が12回、7番が4回。

それまで、ジェイミージャパンのテストマッチに16回先発出場してきたリーチだったが、あるいはこの4年間で一番大事だったかもしれない19年9月28日のアイルランド戦では、過去に背負ってきたひと桁《けた》台の番号ではなく「20」をつけてベンチに座った状態でキックオフを迎えることになった。

結果的に、1990年代にオールブラックスのNO8として活躍し、99年のワールドカップでは日本代表としてもプレーしたジョセフが下した決断は、実に劇的な効果をもたらすことになる。

「先発で出なくても、役割はある。どうやってインパクトを与えるか。そのことに集中した。チームを勢いづけられた」

# リーチ マイケル

第9回 日本大会 日本代表主将

自国開催W杯開幕戦で先頭に立ち入場するリーチ。チーム全体が緊張感に包まれていた

マフィの負傷により、おそらくは予定よりも早い前半31分の段階で途中出場することになったリーチだったが、そのパフォーマンスはロシア戦とは全く異なるアグレッシブなものとなった。

プレー時間は50分に減ったにもかかわらず、獲得したゲインは37mとロシア戦から倍増し、FWでは姫野に次ぐ数字を稼ぎ出す一方、タックル数は姫野と同じ11回を完璧に決めた。姫野よりも30分プレー時間が少ない状況でのこの数字は十分評価に値するものだった。

リーチが途中出場した前半31分の時点では3－12だったスコアは、6－12、9－12、14－12、16－12、19－12と推移。

それは、「ゲームプランを成功させるた

めには、ベンチに経験があって、インパクトあるプレーのできる選手が必要」と語っていたジョセフの期待に、リーチが完璧に応えてみせたことを如実に物語っていた。

ロシア戦で低空飛行に終始した「最強のキャプテン」のパフォーマンスの急回復ぶりが、4年前のブライトンに匹敵する〝ミラクル・オブ・シズオカ〟を引き寄せた、大きな要因になったことは間違いなかった。

## 「最強の主将」なしで追い上げを凌《しの》ぎ切って世界8強入り

アイルランド戦で、再び世界を驚かせる勝利につながるインパクトあるプレーを見せたリーチは、続く3戦目のサモア戦（10月5日）で先発復帰。

ただし、「自分のパフォーマンスに集中させたい」とのジョセフの判断により、ゲームキャプテンはアイルランド戦に続きラブスカフニが務めた。

# リーチ マイケル

**第9回 日本大会 日本代表主将**

サモア戦では自分のプレーに専念するためラブスカフニにキャプテンを譲った

スコットランドを破って初の8強入りを決めたあと、観客の声援に応える

優勝候補にも数えられていた世界ランキング1位のアイルランドを破ったことで、日本列島にかつてないほどの、そして、たぶん誰も想像ができなかったほどの楕円球ブームが訪れていた。「にわかファン」さえもがポジティブな意味での流行語になり、スタジアムでも、街中のパブリックビューイングでも熱狂度がヒートアップする中、当然ながらリーチへの注目度も日に日に増していくことになった。

「リ〜〜チ」

いつの間にか「最強のキャプテン」がボールを持つたびにそんな大歓声が上がるようにもなった。

ダブルスコア（38－19）で勝利を収めたサモア戦から8日後。史上初の8強入りを懸けたスコットランド戦でリーチは自身34度目となる日本代表主将の座に戻ることになった。

「キャプテンは一番強くないといけない。調子は完全に戻った。先頭に立つ自信もあります」

そう〝決戦〟前にアピールをしたリーチだったが、本当は100%の状態ではなかったのだろう。サモア戦で後半24分に途中交代してピッチをあとにしたのに続き、スコットラ

# リーチ マイケル

第9回 日本大会 日本代表主将

南アフリカには力負けしたが、23年にさらに上を目指すため体を張り続けるつもりだ

ンド戦でも同32分の段階でピッチをあとにしている。

それは、たとえばすでにロスタイムだったにもかかわらず、最後の7フェイズ中、実に3度の効果的なボールキャリーでゲインを稼ぎ続けるという超人的な活躍ぶりでＷＴＢカーン・ヘスケスの逆転トライにつなげた南アフリカ戦をはじめ、4試合すべてでフル出場を果たした前回大会で感じさせた無尽蔵なパワフルさをからすると、物足りなさを感じさせる退場の仕方だった。

その一方で、それはリーチなしでもティア1国に勝ち切れるくらいに、チーム全体のレベルアップができていたということの証明でもあっただろう。

「日本人は強い。メンタル的にも強い。ティア1の相手に勝つには、メンタルの強さが必要だが、日本チームにはそれがある」

そんなリーチの主張は、ジェイミージャパンが「最強のキャプテン」の途中退場にも拘らずスコットランドの猛攻を凌ぎ切って初の世界8強を決めたことで、奇しくも証明されることになったのだ。

# リーチ マイケル

第9回 日本大会 日本代表主将

## リーチ マイケル（Michael Leitch）

1988年10月7日生まれ。ニュージーランド・クライストチャーチ出身。15歳の時に留学生として来日。札幌山の手高から東海大へ進み、2011年に東芝入り。08年の世界ジュニア選手権でU20日本代表でキャプテンを務めたあと、同年11月のアメリカ代表戦で日本代表初キャップを獲得。2015〜2017シーズンはスーパーラグビーのチーフス（NZ）でもプレーした。ラグビーW杯は11年大会から3大会連続出場中。15年大会に続いて19年の地元開催W杯でも日本代表主将を務めた。ポジションはFL、NO8。2019年現在、計68キャップを重ねている。190㎝、105㎏

ラグビー日本代表 アナザー・リーダーズ File-1

## 南ア撃破立役者兼ジェイミージャパン初代共同主将

# 立川理道

SO,CTB /RWC2015出場

ONE《ワン》 TEAM《チーム》――2019年W杯での快進撃もあり、全国的に認知されるようになったと言っていいジェイミージャパンのスローガンだ。

16年10月、ONE TEAM FOR JAPAN, ALL ATTITUDEのスローガンとともにジョセフHC体制になって初の日本代表メンバーが発表されたが、その記者会見にジョセフHCと共に新・共同主将として出席したのが立川理道だった。

「2019年に向けて、日本代表を引っ張っていく選手」

堀江翔太とともに3年後に控えていた自国開催W杯に向けてジャパンを牽引するリーダーとして最初に指名された立川はわずかなスペースの中でも正確にパスをつなぎ、自分でボールを前に運ぶ能力にも長け、体を張るのを厭《いと》わないハードタックラーでもある――2015年イングランド大会で立川が見せた存在感は圧倒的だった。

ただし、"にわかファン"以前の全ての日本のラグビーファンに支持されていたと言ってもいい立川が自国開催W杯でプレーすることはなかった。主にディフェンス面での不安定さを指摘されて2019年W杯スコッドから落選。それでも、「いつ呼ばれてもいいように最後まで諦めずに準備したい」と、所属するクボタで試合に出続ける一方、19年8～9月にはNZのオタゴ州代表でもプレーチャンスをつかみ、桜のジャージへのチャレンジを続けた。

1989年12月2日、奈良県出身。天理高、天理大を経て2012年クボタ入り。同年に日本代表デビュー。2015年RWCでは全試合先発出場し、BKのキーマンになった(写真は南アフリカ戦)。代表キャップ数55

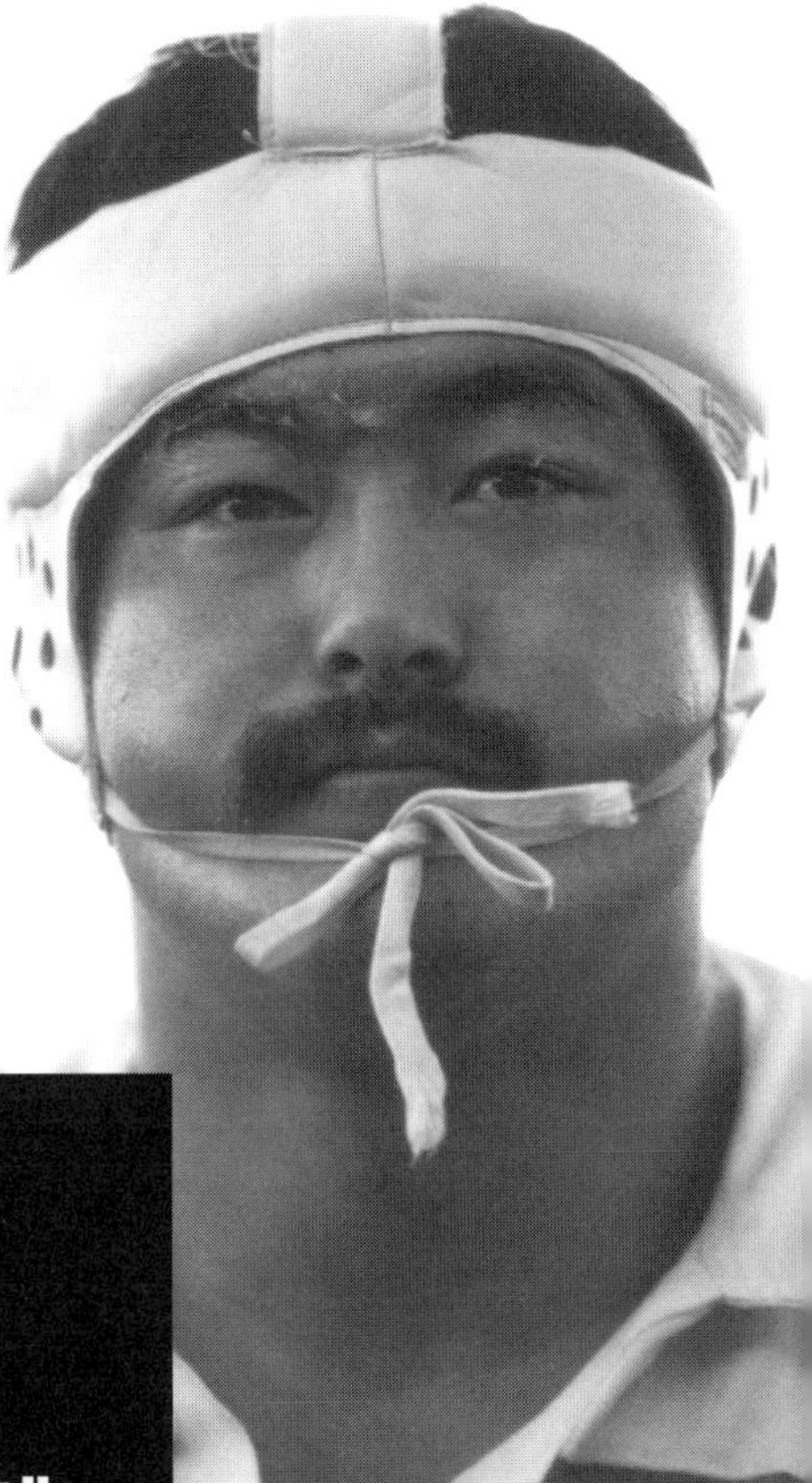

[第1章]

# 豪州でも英国でも「壊し屋」だった“世界一小さなロック”

## 林 敏之

第1回 ニュージーランド・オーストラリア共催大会 日本代表主将

Toshiyuki Hayashi

1987 Rugby World Cup_Captain

# 第1回 ラグビーワールドカップ ニュージーランド・オーストラリア 共催大会 概要

1987年5月22日〜6月20日
優勝＝ニュージーランド、準優勝＝フランス
日本＝予選プール 3敗

（日本の成績＝予選プール1組）
● 18―21 対アメリカ
● 7―60 対イングランド
● 23―42 対オーストラリア

史上初のラグビーワールドカップはKDD（当時）を冠スポンサーに、16カ国を招待するかたちでニュージーランドとオーストラリアによる共同開催でおこなわれた。

5月22日にオークランドでおこなわれたイタリアとの開幕戦で伝説となる90mトライを記録した大型WTBジョン・カーワンの活躍などもあり、プール戦で圧倒的な強さを見せたニュージーランドはノックアウトステージに入っても準々決勝でスコットランドに30―3、準決勝でもウェールズに49―6と大勝を続けて決勝進出。

一方、イングランド、アメリカ、日本とのプール戦を首位通過したオーストラリアは、準々決勝こそアイルランドを33―15で退けたものの、準決勝では終了間際にフランスFBセルジュ・ブランコに「地球の果てからのトライ」を決められて24―30で敗れ、さらに3位決定戦でもSOジョ

## 林 敏之

第1回 ニュージーランド・オーストラリア共催大会 日本代表主将

決勝でフランスを下した地元ニュージーランドが初代W杯王者に

ナサン・デイヴィスがきらめきを見せたウェールズに21－22で惜敗した。

6月20日に開幕戦と同じオークランドのイーデン・パークでおこなわれた決勝戦では、フランスのランニングラグビーを完全に抑え込んだオールブラックスが29－9で快勝し、初代ラグビーワールドカップ王者の座に就《つ》いた。

宮地克実監督率いる日本代表はオーストラリアと同じプール1入りしたため、3試合をオーストラリアで戦った。初戦のアメリカ戦では、プレイスキックのスペシャリストをメンバー入りさせなかったことも響いて、トライ数は3本ずつだったが、18－21で惜敗。続くイングランド戦に7－60で敗れたあと、プール最終戦では優勝候補のオーストラリアから3トライを奪ったほか、WTB沖土居稔が約50mのドロップゴールを決めるなど善戦。23－42で敗れたものの、日本ラグビーの存在感を世界にアピールした。

## 30年後に〝ワラビー〟から披露された「壊し屋」エピソード

誰が呼んだか、〝壊し屋〟。

日本ラグビー史上に残る不正出のファイターとして1980〜1992年の間に38キャップを重ねた林敏之は、ワールドステージにおいては本人も認める「世界一小さなロック（LO）」でもあった。

現役時代のサイズは184㎝、103㎏。

たとえば、2019年のラグビーワールドカップ日本大会時の日本代表メンバーの中でFW第2列はもちろん、FW第3列にも林より小さな選手はいない。

1987年の第1回大会で主将を務め、1991年はFWリーダー——2度のワールドカップで日本代表としてプレーした林だが、当時も世界トップ国には190㎝台後半〜2

# 林 敏之

第1回 ニュージーランド・オーストラリア共催大会 日本代表主将

mクラスのロックがいるのが当たり前だった。

つねに自分よりも15~20センチほど大きな選手たちとまともに向き合い、ぶつかり合いを続けた「世界一小さなロック」のことを、いつの間にか人々は驚愕と賞賛を含んだ〝壊し屋〟というニックネームで呼ぶようになっていた。

「(壊し屋と呼ばれるのは)好きですよ。勝手にみんなが言ってくれたわけで、自分の誇りでもある。LOは本来一番でかい奴がやるポジションで、グラウンド上で一番強くないと、試合に負ける。だから、絶対、強くいようと思っていた。僕は世界で一番小さなLOだったんだけど」

そんな〝壊し屋〟も、1996年に36歳で現役を引退した後は、小学生のラグビー全国大会『ヒーローズカップ』を創設したり、自らがラグビーを通して体験した「とめどもなく涙が流れた瞬間に人間の真実がある」ことなどをセミナー形式で伝えて成長につなげてもらう『感性フォーラム』を催したり、「壊す」のではなく「創る」ことに専念してきた。

2019年自国開催ラグビーワールドカップに向けても神奈川県横浜市の開催都市特別サポーターを務めるなど、多忙な日々を送っていたが、開幕まで2年を切っていた17年9

月、30年ぶりの再会を果たしたかつての対戦相手から、改めて現役時代の「壊し屋」ぶりを再確認せざるを得ないエピソードを披露されることになった。

「低く激しくタックルにきたキミの頭がちょうど僕の顎に入ったんだよ」

懐かしそうに、人懐っこい顔でそう話しかけてきたのは、元豪州代表ワラビーズＬＯロス・レイノルズ。２０１９年ラグビーワールドカップと２０２０年東京五輪のピーアールのため、シドニーの日本領事館で行われたパーティ時。第１回ワールドカップの日本代表オーストラリア戦メンバーを代表して林が招待され、30年前に相見《あいまみ》えたワラビーズの面々との再会を果たした席でのことだった。

日本領事館での再会から遡《さかのぼ》ること30年と3カ月前。同じシドニーのコンコード・オーヴァルでオーストラリア代表のゴールド&グリーンのジャージの背中に5をつけてプレーしていたレイノルズは、自分と同じ背番号ながら体格的にはひと回りもふた回りも小さかった日本人ＬＯから受けたハードヒットによって、試合途中でピッチから去ることを余儀なくされた。

林にも微《かす》かに記憶が残っていた。

「そういえば、オーストラリアの〝ツインタワー〟のひとりが、途中からおらへんようになった」

前年の86年のニュージーランド遠征での3試合のテストマッチシリーズを2勝1敗と勝ち越し、仮に当時世界ランキングが存在していたとしていたなら1位だった可能性が高いオーストラリア代表。身長2ｍのスティーブ・カットラーと共に、圧倒的な制空権を持ちながら、世界一のワラビーズFWの中核を担っていた196センチの大男をノックアウトしたのは、ジャパンのキャプテン、すなわち「世界一小さな壊し屋」だった。

## 2連敗後、涙の練習&ミーティングを続けてのぞんだ豪州戦

30年後の再集合によって、当時の逸話も明らかになった第1回ラグビーワールドカップのオーストラリア戦は、1996年の現役引退時点では日本代表歴代1位だった計38キャップを獲得した林の記憶の中でも、とくに強い印象が残っているテストマッチのひと

つだ。

「このままじゃ、日本に帰れない」

それは、そんな切羽詰まった思いでのぞんでいた試合でもあった。

初のワールドカップということで、予選はなく全16チームが招待というかたちでおこなわれた1987年の第1回大会。

プール戦でアメリカ（18－21＝5月24日）、イングランド（7－60＝同30日）に連敗した日本は、同・最終戦で前述のとおり強力な優勝候補だったワラビーズと対戦した（同6月3日）。

「最初にワールドカップの話を聞いたときには、『そんなのができるんだ』という感じで、テストマッチが続くということはわかっているつもりだったけど、具体的な対策はなかった。まだアマチュアの頃で長い合宿なんてできないし、出発前もワールドカップで会社を不在にする分、いつも以上に残業をしなくちゃいけない選手も多かった。オーストラリアに着いた後も、確か割とすぐに試合をしなくちゃいけないスケジュールで、ゲームフィットネスを上げていくという考えも、ピークづくりという概念もなかった」

「いま思えば、唯一の勝つチャンスだった」という初戦のアメリカ戦は明らかに準備不足。

# 林 敏之

第１回 ニュージーランド・オーストラリア共催大会 日本代表主将

第１回W杯アメリカ戦後の記者会見での林主将。右は金野団長

当時は海外遠征というと現地入りしてから有力クラブチームや地域代表などと試合を続けながら最後のテストマッチに向けてチームをづくりを仕上げていくかたちが多かったこともあり、感覚的には『もう試合すんの？　という感じだった』という初戦の時点では、まだまだチームとして力を出し切れる状態ではなかったのだ。

その結果、絶対的なキッカーをメンバーに入れていなかったことも響いて、トライは同数ながら3点差で惜敗。

続くイングランド戦は、林自身もＦＬにポジションを変えるなど、大幅にメンバーを入れ替えて流れを変えようとしたが、全く機能せずに10トライを奪われる惨敗を喫した。

「最後に残っていたのが、当時、世界最強と言われていたオーストラリア戦。『ここで何かを残さないと、日本に帰れない』という気持ちでチームが急速に固まっていった。当たり前だけど、代表選手としてそこに出る責任を背負わなければいけない。それを感じてどれだけやり切るか。その思いをみんなで共有してプレーするしかなかった。みんなで涙ながらに練習して、ミーティングでも毎回泣いていた気がする」

急速に結束力を高めたジャパンは、当時としてはおそらくベストパフォーマンスと言える戦いぶりで〝世界一〟のチームに食い下がった。ハーフタイムでのスコアは13－16。後半も世界のド肝を抜いたWTB沖土居《おきどい》稔《みのる》の約50mドロップゴールなどでいったんは逆転するなど、世界を驚かせる戦いぶりを披露。

終盤、引き離されたものの、16年後の2003年、同じオーストラリアでのワールドカップで〝ブレイヴ・ブロッサムズ〟との賞賛を受けた向井ジャパンの戦いに匹敵する健闘を見せた。

主将を務め、誰よりも「日本に帰れない」と思い詰めていた林自身も「いまできる最大のことはやれた。なんとか、日本に帰れるくらいのことはクリアできたかな」と、ホッとした思いでシドニーからの帰路についたのだった。

## 世界との戦いでサイズのなさ痛感。PRに挑戦し〝ブルー〟獲得

〝ブレイヴ・ブロッサムズ〟の本当の原点となったと言ってもいい第1回ワールドカップでのオーストラリア戦。シドニーのコンコード・オーヴァル競技場に集まった観衆はわずかに8800人だった。当然ながら、地元オーストラリアが出ない他の2試合はさらに少なく、それぞれ4500人（対アメリカ＝ブリスベン／バリーモア）、5500人（対イングランド＝シドニー／コンコード・オーヴァル）という観客動員数だった。

「当日券で来る人も多かったようだし、まだまだ牧歌的な雰囲気。（ワールドカップを継続すべきか判断するための）トライアル的な意味合いもあったのだと思う」

現在のラグビーワールドカップとは全く比較にならないほど小規模だった世界一決定大

会だが、このオーストラリアでの経験は、その後の林のラグビー人生に大きな影響を与えることになる。

楕円球に触れ始めた中学生時代から「自分にとってはラグビー自体がもの凄く価値あるもので、価値あるものだから誰にも負けないくらい体を張り続けた」という林。

「どちらかというとパッションでやるほう。試合前に戦争に行くような場面を想像して、テンションを上げていく。ラグビーは生身の人間同士が激しくぶつかるんだから、キレないとできない」

グラウンド入りする前にきれいにスパイクを磨き、髭を剃り、ロッカールームでネクタイを外してジャージに着替えてテーピングをしたあとは、頭を壁にぶつけて、自分で自分の頬を殴る。そして、メンバー全員で手をつないで気持ちをひとつにしてグラウンドに飛び出していく――。

そんな恐ろしいまでストイックなルーティンを「どんな試合でも変わらずに愚直にやり続けた」のが誇りでもあるが、その一方で、当然といえば当然だが、グラウンドの中で楕円球を追い、相手を倒し続けたラグビー人生の中でも「ジャパンの一員として戦うテスト

# 林 敏之

第1回 ニュージーランド・オーストラリア共催大会 日本代表主将

マッチは特別で、4年間をかけて世界中のラガーマンがそこを目指して戦うワールドカップはさらに特別なものだった」と述懐する。

前述のとおり、林は27歳のときに日本代表主将としてのぞんだ1987年の第1回ラグビーワールドカップに続き、4年後の第2回大会にも宿澤ジャパンの一員として出場を果たしている。

この87年から91年の4年間は、ラグビーにすべてを賭《か》けてきた〝壊し屋〟にとって、まさしく激動のエポックとなった。

第1回ワールドカップで国際舞台でのLOとしてのサイズのなさを実感したこともあり、帰国後PRへのポジション変更にチャレンジ。この経験がのちに生きて90年に留学したオックスフォード大ではPRとして伝統のケンブリッジ大との定期戦に出場して、〝ブルー〟の称号を得た。

一方、所属する神戸製鋼でも86年から主将を務めていた林だが、新日鉄釜石、トヨタ自動車、東芝府中といったライバルチームとの群雄割拠《ぐんゆうかっきょ》の戦いを制するまでには至らず。〝無冠〟のまま、88年に同チームの主将の座を同志社大でも後輩だった平尾誠二に譲ることになった。

「役割が違うからね。僕は一発目で当たるのが仕事だけど、彼は試合をどうコントロールするか。僕にはスペースにボールを運ぶという概念はなかったけど、彼が入ってきて展開のラグビーをつくり上げていった。新しい発想でね」

林は同志社大、神戸製鋼、そして日本代表で一緒にプレーした平尾との役割分担に関して、そんなふうに語る。

そして、主将の座が林から平尾にバトンタッチされたまさにそのシーズン、神戸製鋼は前年度に苦杯をなめていた東芝府中を全国社会人大会決勝で破り、初めて日本一の座を射止めることに成功した。

## 「林さん、賞状もらってきて」。平尾の気遣いに号泣

1989年年1月10日、秩父宮ラグビー場。時刻は午後3時30分になろうとしていた。

# 林 敏之

第1回 ニュージーランド・オーストラリア共催大会 日本代表主将

2014年5月、旧国立競技場解体前イベントで日本代表レジェンドとしてプレー

悲願の初優勝を成し遂げたばかりの神戸製鋼の新主将は、初めて優勝チームとしてのぞんでいた表彰式で実に粋な計らいを見せた。「全国社会人ラグビーフットボール大会優勝」の賞状を受け取る人間として、当シーズンからキャプテンになった自分よりも相応《ふさわ》しい人間がいることを十分に理解していたのだ。

「林さん、賞状もらってきてや」

「お前、何言うとんねん」

固辞《こじ》しようとした林に、平尾はさらに追い打ちをかける。

「これもらえるの、林さんしかいない。なあ、みんな、林さんに行ってもらうぞー」

一気に盛り上がる赤いジャージに身をまとった男たちに背中を押され、〝壊し屋〟

は大粒の涙を流しながら、メインスタンド側中央の表彰場所へと一歩一歩進んで行った……。

「誰かが、『平尾＝ジャニーズ事務所と林＝吉本興業新喜劇』みたいなことを言ったことがあって。うまい表現するなあと。カッコいいし、ラグビーうまいし。でも、大抵そういう奴はイヤな奴だったりするんだけど、あいつにはイヤなところがない」

林がそう称した〝ミスターパーフェクト〟は、神戸製鋼に続いてジャパンでも林の後を継ぐ形で、第2回ワールドカップを戦う宿澤ジャパンで主将を務めた。

その一方で、宿澤監督は第1回大会で主将を務めた林にはFWリーダーになることを要請した。

「本当はもう少しオックスフォードにいて、勉強したい気持ちもあったんだけどね。それでも、もう一度ワールドカップに出たかった」

膝の状態が良くなっていた林は第2回ワールドカップでも3試合フル出場。

平尾主将―林BKリーダーのコンビで記録したジンバブウェ戦勝利は、2015年にエディージャパンが南アフリカを破るまではワールドカップで日本代表が挙げた唯一の1勝であり続けた。

ちなみに、大会開幕前にスコットランドの有力地方紙である『スコッツマン』のラグビーワールドカップ特集の表紙にヘッドキャップ姿の写真が載るなど、第2回ワールドカップで本場英国メディアがひたすら取り上げたのは、ジャニーズ系主将ではなく、吉本新喜劇系のＦＷリーダーに関してだった。

## 林　敏之（はやし　としゆき）

１９６０年2月8日生まれ。徳島県出身。

徳島県立城北高、同志社大を経て神戸製鋼入り。

同大では１９８１年に大学選手権初優勝。主将も務めた。

神戸製鋼では１９８８年度から94年度まで、全国社会人大会および日本選手権で7連覇を達成。96年に現役引退。また、90年には英オックスフォード大に留学し、同年12月のケンブリッジ大との定期戦であるヴァーシティ・マッチに出場。バーバリアンズや世界選抜にも選ばれた。

日本代表としては80年の欧州遠征フランス戦で初キャップ。以降、２回のワールドカップも含めて計38キャップを獲得。これは、当時としては日本代表最多記録でもあった。

現在は、自身がラグビーを通して体験した「とめどもなく涙が流れた瞬間に人間の真実がある」ことなどを、社会人などの意識改革につなげてもらうための「感動人生プロデュース通信」などを主催。また、２００６年に設立したＮＰＯ法人ヒーローズでは、小学生ラグビーの全国大会「ヒーローズカップ」を主催している。公式ＨＰはt-hayashi.jp
２０１９年11月、日本スポーツ学会大賞を受賞。

［第2章］

# 28年後の歓喜につながるスコットランド、アイルランドへの挑戦

## 平尾誠二

第2回 イングランド他5カ国共催大会 日本代表主将

Seiji Hirao

1991 Rugby World Cup Captain

# 第2回 ラグビーワールドカップ5カ国共催大会 概要

※主開催協会イングランド　共同開催協会スコットランド、ウェールズ、アイルランド、フランス

1991年10月3日〜11月2日
優勝＝オーストラリア　準優勝＝イングランド
日本＝予選プール1勝2敗

（日本の成績＝予選プール2組）
● 9−47 対スコットランド
● 16−32 対アイルランド
○ 52−8 対ジンバブウェ

第1回ワールドカップの成功を受けて、第2回大会は、前回のような単独のスポンサー制ではなく、ハインツなどのグローバル企業が複数、スポンサーとなって大会を支える現行フォーマットでの開催となった。

ホストユニオンのイングランドは、前回大会でベスト8敗退の汚名を晴らすべく着々と強化を重ね、開幕戦で前回優勝のニュージーランドに12対18と敗れはしたものの、そのあとを順調に勝ち進んだ。宿敵スコットランドとの準決勝も、双方ノートライの死闘を9対6と制して決勝に駒を進める。一方で、当時のアマチュア規定に縛られて、報酬なしでのプレーを余儀なくされていたイングランド代表選手たちは、応援歌『スウィング・ロー』をレコーディングして発売するなど、「ランニング・ウィズ・ザ・ボール」と銘打ったキャンペーンを繰り広げ、巨額の大会収益を選

## 平尾誠二

第2回 イングランド他5カ国共催大会 日本代表主将

手にも還元するように求めた。

地元イングランドとの決勝戦に勝ち上がったのはオーストラリア。この大会にのぞむにあたって、当時「スウォーミング・ディフェンス」と呼ばれた組織防御を整備。準決勝では、オールブラックスのハカに背を向けてボールを蹴って遊んでいたデイヴィッド・キャンピージの活躍もあって、ニュージーランドとのライバル対決に16対6で勝利。エリザベス女王が臨席した決勝戦でも、イングランドのアタックを完全に封じ込めて12対6で勝利し、世界の頂点に立った。

豪州代表ワラビーズがイングランドを12－6で破り、初優勝

日本は、この大会から導入されたアジア太平洋地区予選でトンガ、韓国を破り、西サモア（当時）には敗れたものの、2位で本大会に駒を進めた。

しかし、本大会では、スコットランド、アイルランドという伝統国の壁に跳ね返され、最終戦でジンバブウェを破った1勝にとどまった。同じ予選を戦った西サモアは、本大会でもウェールズ、アルゼンチンを破り、オーストラリアにも3対9と食い下がって初出場でベスト8に進出。参加国のなかで唯一第1回大会に招待されなかったウップンを晴らした。

## 「日本ラグビーが終わってしまう」。危機感でのぞんだW杯予選

「この予選に負けたら、日本のラグビーは終わってしまうよ」

平尾誠二がそんな言葉を吐いたのは、１９９０年1月下旬、自らが所属する神戸製鋼の灘浜グラウンドでのことだった。

このとき、宿澤広朗が監督として率いる日本代表は、神戸で合宿を張っていた。

当時は1月15日が成人の日で、この年もその日におこなわれた日本選手権で、神戸製鋼は早稲田大学を破り、２連覇を達成。シーズン中の疲労が残っていたこともあり、主将である平尾はチームとは別メニューでウェイトルームにこもってコンディションを整えていた。トレーニングに飽きてグラウンドの練習をのぞきに来たついでに、数人の記者に囲まれて、そんな言葉をぽろりとこぼしたのだった。

宿澤監督―平尾主将体制の日本代表は、前年の5月28日、来日したスコットランドＸＶ

## 平尾誠二

第2回 イングランド他5カ国共催大会 日本代表主将

を28対24と破り、史上初めて国際ラグビーフットボール評議会（IRFB＝当時。現ワールドラグビー）のオリジナルメンバー8カ国（イングランド、スコットランド、ウェールズ、アイルランド、フランス、ニュージーランド、オーストラリア、南アフリカ）の一角から金星を挙げていた（スコットランド側はベストメンバーの来日ではなくスコットランドXVの名称で非テストマッチ扱いだった）。

しかし、そんな思い出に浸《ひた》るよりも、目の前にはこれから挑まなければならない高い壁があった。

トンガ、西サモア（＝当時。96年にサモアに改名／以下サモアと表記）、韓国に日本を加えた4カ国で争われる第2回ラグビーワールドカップに向けたアジア太平洋地区予選が、3カ月後の4月に迫っていたのだ。

予選を勝ち抜いて本大会に駒を進められるのは、4カ国のうち上位2カ国だけ。

その予選になんとしても勝って、全チームが招待された87年の第1回大会に続いて本大会出場を果たすこと――それが、宿澤ジャパンで主将を務めていた平尾の頭を占めていた懸案だった。

実は、当時の日本は韓国との対戦を苦手にしていた。

アジア大会では86年、88年と2連敗中で、88年大会時にバイスキャプテンだった平尾には韓国にスクラムを粉砕され13対13の同点から試合終了直前に決勝トライを奪われた場面が強く記憶に残っていた（13－17で敗戦）。苦い苦い思い出だった。

一方、トンガは共に大東文化大から三洋電機（東京三洋＝現パナソニック）へと進み、1987年の第1回ワールドカップでも日本代表としてプレーしていたノフォムリ・タウモエフォラウやシナリ・ラトゥの出身国で、当時から日本のラグビーファンにも馴染みはあった。ただし、日本とトンガがテストマッチを戦うのは4月のワールドカップ予選が初であり、トンガ代表がどんなラグビーをやるのかという情報など全くなかった。

サモアも同様で、前年の夏に宿澤が代表に準じるAジャパンを率いて両国に遠征したのが、最初の交流だった。

実際のところ、トンガ、サモア共に巨漢FWがタテに激しく突進してくる上にランニングセンスにも秀でた強烈なアタック力を誇るチームであり、両国に韓国を加えた3カ国のうち2カ国を破らないとワールドカップ出場がかなわないというのはかなりハードルが高い条件と捉《とら》えられていた。

## 平尾誠二

第2回 イングランド他5カ国共催大会 日本代表主将

# 「国立競技場をジャパンの試合で満員にしたい」という夢

1980年代、国内では大ラグビーブームが巻き起こっていた。早明戦などの大学ラグビーは国立競技場に満員の観客を集めておこなわれ、平尾たちがプレーする全国社会人大会も、ほかならぬ神戸製鋼が優勝したことで、観客数が大きくアップしていた。

一方で代表チームに関しては、国内でおこなわれるテストマッチ自体が少なく、前章で触れたとおり1987年の第1回ワールドカップでも3戦3敗。同年、ワールドカップを制したニュージーランド代表が来日した際には、日本は100点ゲームで敗れるなど、国内でのラグビーブームを代表人気に結び付けられないもどかしい時代が続いていた。

1989年に就任初戦でいきなりスコットランドXVを破った〝宿澤マジック〟により、一気にワールドカップへの期待感も高まっていたが、そんな上昇ムードも予選に敗れて世界にチャレンジする機会をなくしてしまえば、ラグビーファンの関心は大学チームなど国内にしか向かないことになってしまう。

そんな事態だけはなんとしても避けたいというのが、平尾の強い思いだった。

1990年に入ると、同年4月のワールドカップ予選に向けた強化が本格化する。

1月の神戸合宿を終えると、2月下旬には、トンガ、サモア対策の一環として、両国と毎年激しい対抗戦を繰り広げているフィジー代表が来日。日本選抜などと試合をしたのち、3月4日に秩父宮ラグビー場で日本代表とテストマッチを戦った。

ジャパンは、この試合に6対32と完敗。

当時のフィジーは、第1回ワールドカップでベスト8に残ったメンバーに加えて、のちに「セブンズ（7人制）の王様」の異名を取ったワイサレ・セレヴィがいて、自在なパス回しと奔放なランニングでジャパンの防御を翻弄した。

ワールドカップ予選を翌月に控えたところでの完敗。試合後、予選突破の見込みをしつこく訊《たず》ねる記者の質問を遮《さえぎ》るように宿澤は以下のように答えている。

「予選突破の可能性は五分五分。それは、今日の試合を見ても変わらない」

## 平尾誠二

第2回 イングランド他5カ国共催大会 日本代表主将

のちに宿澤はその真意を以下のように振り返った。

「フィジーと戦ったときは、僕は彼らのラグビーに接して感激したし、あのバックスにはかなわないと脱帽した。ただ、懸念したのは予選を前に『日本もああいうラグビーをするべきではないか』いう声が出てくること。それが一番イヤだった」

同じ意味合いのことは、平尾も話していた。

「日本は、実はバックスがいいチームを苦手にしている。だから、フランスやフィジーに勝つのはとても難しい。むしろ、日本の小さなＦＷをなめてかかって、近場で勝負してくるチームのほうが戦いやすい」

実際、完敗の一方で大きな収穫もあった。

日本が予選突破に向けて強化に取り組んできたスクラムは、フィジーの大柄なＦＷを押し込んで優勢だったのだ。

## 平尾が身体を張ってキャプテンシーを体現した韓国戦

１９９０年4月におこなわれた第2回ラグビーワールドカップ・アジア太平洋地区予選。ポイントとなったのはやはりスクラムだった。

韓国のスクラムは、２０１９年ワールドカップ日本大会でジャパンの一員として活躍した具智元《グー・ジオン》の父・具東春《グー・ドンチュン》がフロントローにいて、強力だった。トンガも、サモアも、平均体重はもちろん、個々のフィジカルの強さでも日本を圧倒的に上回る。

そんな大型ＦＷに対してスクラムを五分に組めれば、平尾主将と朽木《くつき》英次のＣＴＢコンビがいるバックスが仕掛けを施してトライを取れる——というのが、宿澤が思い描いていた戦い方だった。

予選の初戦である4月8日のトンガ戦を前に、日本代表選手たちは、宿澤がネットワー

## 平尾誠二

第2回 イングランド他5カ国共催大会 日本代表主将

クを駆使して入手してきた一本のビデオを観せられることになった。直近におこなわれたばかりのトンガ対フィジー戦の映像だった。

映像がクリアではない部分もあり、ディティールがわかりにくかったりもしたが、誰が見ても明らかなトンガの弱点がその映像から浮かび上がってきた。

フィジーFWがスクラムでトンガFWを圧倒していたのだ。ジャパンがスクラムでプレッシャーをかけたフィジーのFWが、である。

ジャパンの選手たち、とくにFW勢は歓声を挙げ、トンガ戦に向かうモチベーションを一気に高めた。

トンガ戦当日。ジャパンは目論見《もくろみ》どおり、前半7分にスクラムを押し込み、ペナルティトライを奪って優位に立つと、着々と得点を重ねて28対16と快勝した。

あとひとつ――11日に予定されている韓国戦に勝てば、ワールドカップ行きの切符が手に入るところまでこぎ着けたのだ。

トンガ戦勝利からわずか3日後、平日の昼間の試合ながら多くのサラリーマンが仕事を放棄してまで秩父宮ラグビー場に駆けつけた伝説でも知られる韓国戦。

4月だというのに初夏のような気候だったためか、あるいは「この試合に日本ラグビーの命運がかかっている」ことを察していたファン自体が持つ〝熱〟も影響していたのか、多くが上着を脱いだ白ワイシャツ姿で熱視線を秩父宮ラグビー場のピッチの上に注いでいたこの試合、際立っていたのがクールな面持ちをした日本代表主将の熱きパフォーマンスだった。

トンガとの激戦から中2日という厳しい条件の影響、そして、この試合の勝敗がワールドカップ出場権に直結するというプレッシャーももちろんあっただろう。

トンガ戦とは打って変わって、ジャパンの歯車は序盤から噛み合わなかった。

韓国は前半4分に速攻から先制トライを奪うと、22分には自陣ゴール前でジャパンのパスをインターセプト。80メートル独走トライを挙げて10対0とリードした（当時はトライは4点）。

しかも、トンガ戦では飛距離のあるキックで地域を獲得し、FW戦で優位に立つきっかけを作ったSO松尾勝博が、腰の打撲の後遺症でキックのコントロールが定まらず、ミスキックを連発した。

こうしたイヤな流れに対して、キャプテンとして平尾はこう決断した。

## 平尾誠二

第2回 イングランド他5カ国共催大会 日本代表主将

「勢いのないときに下手に動くと逆にミスが出る。だから、とにかく点を取られなければいい。勢いが出るまで我慢しよう」

そして、チームの勢いを引き出すために、自ら身体を張った。

韓国の厳しいタックルに挑みかかるように、前半はボールを持てばまっすぐタテに走って、何度も激しく倒された。パスの名手と言われた平尾が、ひたすらタテに走ってダイレクトにコンタクトを繰り返したのだ。

「確かにイヤな展開だったけど、こういうときにムキになって外にボールを回すと韓国ディフェンスの思うツボ。日本がドツボにはまりかねなかった。だから、ひたすらタテに走って、ディフェンスの意識を僕のところに引きつけようとしたんです」

平尾が司令塔としての才能を発揮し、抜群のゲームコントロールを見せたテストマッチはほかにもある。

第2回ワールドカップのスコットランド戦の前半や、ジンバブウェ戦もそうだろう。しかし、キャプテンとしてチームを背中で引っ張るように身体を張り続け、勢いを出すために痛い思いを繰り返しながらタテに走り続けたという意味では、この韓国戦のパフォーマンスが生涯最高だったかもしれない。

果たして、前半にまいたエサが効いて後半は一転してジャパンのペースになった。

後半立ち上がりの8分に、ペナルティキックから速攻を仕掛けてＷＴＢ吉田義人がトライを挙げて同点に追いつくと、14分には平尾自身がカウンターアタックからパスを受けて一気に40メートルを独走。朽木がサポートして、最後はＮＯ８ラトゥがポスト下にトライを決めて、完全に主導権を奪い返した。

最終スコアは26対10。

ジャパンは後半は韓国を無得点に抑える完璧な締めを見せて、第２回ワールドカップの出場権を獲得したのだった。

## ベストメンバーで日本を叩き潰しにきたスコットランド

１９９１年10月４日。

日本代表は、スコットランドの古都エディンバラ郊外で、第２回ワールドカップ初戦前日の練習をおこなった。

# 平尾誠二

第2回 イングランド他5カ国共催大会 日本代表主将

1991年W杯時の日本代表メンバー。前列左から5人目が平尾主将

半年前の最終予選でトンガ、韓国に連勝したあと、最終戦ではサモアには力負けして11-37で敗れた日本は、アジア太平洋地区2位として本大会ではプール2入り。スコットランド、アイルランド、ジンバブウェが同組での対戦相手だった。

翌日に、前年の5カ国対抗でグランドスラム（全勝優勝）を果たしていた地元スコットランドと対戦することになる〝聖地〟マレーフィールド競技場から程近い練習グラウンドには、10月初旬とは思えない身を切るような冷たい風が吹き付けていた。幾重《いくえ》にも連なる雲が上空を覆《おお》っていたが、よく見ると灰色の塊《かたまり》ごとにものすごいスピードで移動しているのがわかった。しかも、断続的に雲が流れていく方向が変わるのがわかるほど、風向きは不規則に変化していた。

「この風はイヤだな」

不機嫌そうにそうぶやいたのは宿澤だったが、実際に自ら蹴り上げたボールが上空で押し戻されるような感覚も味わっていたはずの平尾は、むしろ笑みさえ浮かべた晴れやかな表情で宿舎に戻るバスに乗り込んでいった。

「もうやり残したことは何もない。あとは、明日試合にのぞむだけ」

1991年10月5日。

マレーフィールドには晩秋を感じさせる穏やかな日差しが降り注いでいた。1年を通して、月に20日以上雨が降る場所であるエディンバラとしては最上と言っていいコンディションで迎えたワールドカップ初戦。

1925年からスコットランド代表の聖地として存在してきた由緒正しいグラウンドに飛び出して行った日本代表キャプテンの目は赤く充血しているように見えた。当然ながら、神聖な場所でのテストマッチにのぞむチームを率いるにふさわしい、引き締まった、いい表情だった。

そして、そんな〝闘将〟が先導するかたちで、マレーフィールドのピッチに出て行くジャパンの選手たちいずれの表情からも、胸に秘めた決意と覚悟が伝わってくるようでもあった。

当たり前だが、このワールドカップ初戦に気合い十分でのぞんでいたのはジャパンだけではなかった。

いや、「絶対に負けられない」という思いは、スコットランドのほうが強かっただろう。前述のとおり、1989年の日本遠征時に24－28で敗れていた相手とのワールドカップ開幕戦なのだ。

確かに2年4カ月前は同時期にオーストラリア遠征をおこなっていたブリティッシュ・ライオンズ組などの主力メンバーを欠いたチーム構成だった。だからこそ、なおさらベストメンバーでのぞむ地元でのワールドカップ開幕戦では、ジャパンを完膚《かんぷ》なきまでに叩きのめす必要があったのだ。

1989年のブリティッシュ・ライオンズメンバーのひとりであり、1991年ワールドカップで4強入りしたスコットランドFWのキーマンでもあった〝ホワイト・シャーク〞ことジョン・ジェフリーの証言がそれを裏付けている。

「あの試合に関しては、日本よりもスコットランドのほうに勝たなければいけない理由が多かった。地元開催ワールドカップでの初戦。2年前に敗れている相手。そして、準々決勝のアドバンテージを獲得すること（プール戦1位になれば準々決勝、さらに勝ち進めば準決勝も地元マレーフィールドで戦うことができるスケジュールだった）。そうした要因が重なって、メンタル面で実に充実した状態で日本戦にのぞむことができた」

濃紺のジャージに身を包んだ男たちが超本気モードであることは、デイヴィッド・ソール主将に率いられた15人が全速力でグラウンドに飛び出してきた時点から明らかだった。それは、日本代表も次のアイルランド戦からはスコットランド流の全力疾走を真似ざるを得なくなるほど、相手を圧倒する迫力にあふれる〝ピッチイン〞だった。

## スコットランド戦前半はベストゲーム。現地でも賞賛の声

## 平尾誠二

第2回 イングランド他5カ国共催大会 日本代表主将

試合は、プレマッチの雰囲気のまま立ち上がりからスコットランドが激しく攻め、トライとPGで7点をリード。

対するジャパンも、19分にFB細川隆弘がスコットランド陣10メートルライン付近の左タッチライン際から、日本代表史をひも解いてもベストドロップゴール候補に入ってきそうな驚きのキックを蹴り込んで、3対7と追い上げる。

楕円球の行方をゴールポスト正面までしっかり走りこんで確認したエド・モリソンレフリーが自信を持って右手を上げた瞬間、地元ファンからはやや控え目ながら感嘆と賞賛の歓声が上がった。

さらに、2年前にスコットランドXVを破っていた極東からの使者たちが繰り出すラグビーは確かに見所がある——そう本場のファンに印象付けた決定的なシーンは前半40分に訪れた。

エースランナー吉田の快走で得た相手ゴール前スクラムのチャンスからジャパンは右に展開。SOの松尾が放ったパスは、外に開いたCTB朽木の動きにつられたスコットランドBK陣を見透かしたかのように内側に入ってきた平尾へ。桜のジャージに12の背番号をつけた日本代表キャプテンは、目の前にひとりしか残っていなかった相手DFを完全に惹きつけるかたちでラストパスをFB細川に通して、ジャパンがこの大会初となるトライを決めた。

「つまらんトライも取られたけど、このスコットランド戦の前半40分間が、僕にとってのベストゲーム」

のちに平尾はそう振り返っている。

そして、それを裏付けるように前出のジェフリーもこう証言する。

「前半の40分間は大変厳しいものだった。ハーフタイム時点でリードできていたのはラッキーだった」

前半終了間際に飛び出した細川のトライ&ゴールで9対17と8点差に追い上げた日本だったが、後半は、立ち上がりにペナルティキックから速攻を仕掛けたところでボールを奪われ、そこから一気にトライを奪われたのを皮切りに、一方的に6トライを重ねられて最終的には9対47まで点差を広げられ、ワールドカップ初戦の戦いを終えた。

平尾誠二
第2回 イングランド他5カ国共催大会 日本代表主将

# 「なんでこんなゲームに勝てないんだ」

続くアイルランド戦は、当時の5カ国対抗のホームグラウンドの中でも最も熱狂的な声援で知られていた〝泣く子も黙る〟ダブリンのランズダウン・ロードでおこなわれた。

彼らにとっての初戦だったジンバブウェ戦から中2日ということもあり、FWを8人中7人入れ替えてジャパン戦にのぞんだアイルランドに対し、宿澤は「千載一遇のチャンス」と選手たちに檄を飛ばしたが、アイルランドはSOのラルフ・キーズが着々とPGを決める手堅い展開でつねにスコアで優位を保った。

ジャパンも、ボールをバックスに展開すれば、平尾―朽木のCTBコンビで仕掛けてしばしばきれいなラインブレイクを見せたが、いかんせん当時のFWは非力だった。

しかも、日本もスコットランド戦からは中3日。加えて、エディンバラからダブリンへの移動もしなければならない厳しい条件での試合だったが、こちらは15人中11人スコットランド戦と同じ先発選手を使うベストメンバーでの連戦。当然、厳しいコンディションが悪影響を与えた部分も少なからずあっただろう。

試合を通じてアイルランドに許したトライは4本。内訳は、マイボールのラインアウトを奪われてそこからそのままトライに持っていかれたものが2つ。ゴール前の5メートルスクラムからサイドアタック一発で奪われたトライが1つ。さらにマイボールのスクラムを押し込まれてボールを奪われ、そこからあわてて飛び出したディフェンスのギャップをつかれたものが1つ。つまり、セットプレーでしっかり対抗できていれば、もっと競った戦いができた可能性も十分あったということ。

ジャパンもスピードを生かしたアタックで3トライを奪ったものの、最終スコアは16対32。

ホーム・ネイションズとのアウェー戦という意味では、当時としては〝善戦〟の部類に入る結果とも言えたかもしれないが、当の平尾自身にはそんな感触は微塵もなかった。

「なんで、こんなゲームに勝てないんだ」

個々のスキルでもチーム戦術としてもBKを中心としたアタックに関しては劣っている部分はないように感じたのに、勝負にならなかった。

不甲斐ない思いばかりが胸に残ったというのが正直なところだった。

## 悔しさと安堵の気持ちを同時に感じたW杯初の1勝

第2回ラグビーワールドカップにおける日本の最終戦であり、宿澤監督体制での最後の試合ともなったジンバブウェ戦。

相手はこれまでの2戦を戦ってきたスコットランド、アイルランドと比較するなら、実力的には数段落ちると思われていたアフリカ地区代表だ。ただし、スコットランド、アイルランドと比較しても全くと言っていいほど情報がない相手でもあった。

この未知数の相手の情報をつかむため、宿澤監督は若手中心の日本B代表をつくり、91年春にジンバブウェ遠征をおこなっている。

B代表としてジンバブウェ遠征に参加した薫田真広《くんだまさひろ》が「後にも先にもあんなにタフな遠

征はなかった」と語るほど、厳しい環境でのツアーとなったが、実際に苦労して取ってきた情報は大きく役立ったようで、ワールドカップで対戦したときのジンバブウェ代表はほとんどが夏に現地で対戦したことのある選手ばかりだったという。

そんなふうに、絶対負けてはいけない相手との対戦にもかかわらず、ダブリンから〝国境〟を越えて英国領である北アイルランドの最大都市ベルファストに移動してのプール最終戦、ジャパンには立ち上がりミスが目立った。

スコットランドやアイルランドの強力なＦＷ相手に有効なボールを得られずに苦しんできたジャパンだったが、この試合ではＦＷ戦を制して次々にボールを獲得。ただし、気負いすぎていたのか、あるいはあまりにも簡単に出てくるボールに戸惑ったのか、ミスが相次ぎ、チャンスを生かせない。

落ち着かない時間帯は、前半18分にＳＨ堀越正巳が先制トライを挙げてからも続いた。

前半のスコアは16対4。

それでも、後半に入るとようやくジャパンの硬さがほぐれて、バックスが自由自在に動き出した。

平尾は、次々とチームメイトがトライを記録するなかで、もっぱら仕掛けに集中するよ

# 平尾誠二

第2回 イングランド他5カ国共催大会 日本代表主将

日本にとって初のW杯勝利となったジンバブウェ戦での平尾

うに、ボールを持って何度も走り、大きくゲインする場面も見せたし、多少無理すれば、自分でトライまで持っていけそうな状況にもなったが、あくまでも確実性を高めるために相手を引きつけながら最後の仕上げをチームメイトに託す役回りに徹した。

日本代表として35キャップを獲得しながら、平尾が日本代表として記録したトライはわずかに1つだけだ（第3回大会の対アイルランド戦）。

それは、相手チームからデンジャラスプレーヤーとして全面的なマークを受ける存在であるがゆえに、自分に相手防御を引きつけた上でチーム（メイト）のトライチャンスを創出する――そんな役割に徹してきた稀有《けう》な存在だった証明と言えるかもしれないし、あるいは「目立つのは好きじゃない」と語っていた本人の資質も影響しているのかもしれない。

ジンバブウェ戦の最終スコアは52対8。

この試合でジャパンが挙げた総トライ数＝9は、この大会の1試合における最多トライ記録にもなるのだが、ともかくジャパンは攻めまくった末に、ラグビーワールドカップ初勝利をつかんだのだった。

「今日はよう走った。やっぱり日本は、足がパンパンになるくらい走らないと勝てないね」

ジンバブウェ戦後の平尾のコメントだ。

「僕のなかには、スコットランド戦も、アイルランド戦も、〝なんでこんなゲームに勝てないんだ〟という悔しさがあった。とくにアイルランドには、今でも上手くやれば勝てたんじゃないか、という気がしている。僕自身は、絶対に彼らと対等に戦える力があると今でも思っているし、それだけの力をチームとして身につけてきたとも思う。でも、心のどこかで、やっぱり勝てないいんじゃないかと思いながらプレーしている選手もいて、僕はみ

## 平尾誠二

第2回 イングランド他5カ国共催大会 日本代表主将

91年大会ジンバブウェ戦後、記者会見にのぞむ宿澤監督(左端)と平尾主将(左から2番目)

んながもっと自信を持てばいいのに……とずっと思っていた。今日の試合も、みんなが自信を持って戦えば絶対に勝てると信じていた」

初めて自力で出場権を勝ち取ってワールドカップに挑んだ宿澤ジャパンは、大きな期待を寄せられながら、1勝2敗で全日程を終えた。

「僕自身は、自分でそんなにいい選手だとは思っていなかった。時代とうまく噛み合っただけというか」

のちに、自らの現役時代のプレーぶりをそんなふうに振り返った平尾だが、主将として引っ張った第2回ワールドカップでの日本代表の戦いぶりに関しては、「もっとできた」という悔いの一方で、「世界で戦える」という手応えを感じていた。

「選手は今回アイルランドに対して〝勝ちを逃した〟という気持ちを持ったけど、そういう実感を持てたのは、自分たちに力がついてきたことがわかったから。それが今後の自信につながって、今度アイルランドと対戦するときには、本当に勝つつもりでやるでしょう。今回の日本の戦い方はこれでいい。足りない部分もわかったし、通用する部分もたくさんあった。今までのやり方を否定するものは何もない。もう少し力の部分で競《せ》ることができれば、次は大接戦できるところまで、日本はきていますよ」

そう総括した宿澤の言葉も本音と言っていいものだっただろう。

## 28年前の「世界で戦える」実感が2019年に開花

2019年、自国開催となったワールドカップで初の8強入りを果たしたジェイミージャパンがプール戦で倒した格上のチームは、その28年前の第2回大会で宿澤監督―平尾

# 平尾誠二

第2回 イングランド他5カ国共催大会 日本代表主将

神戸製鋼総監督時代。指導者としてはなかなかチームを頂点に導けなかった

主将体制の日本代表がチャレンジしたスコットランドとアイルランドだった。

もちろん、単なる偶然と考えるべきなのだろう。それでも、ちょっとだけ楕円球の神様みたいな存在を信じたくなるエピソードではある。

日本代表の強化は着実に進んできたのか？

ジャパンは自国開催ワールドカップで世界8強入りという目標を成し遂げるにふさわしい存在なのか？

その真の答えを出す対戦相手として、この2チーム以上にふさわしい存在はちょっと思い浮かばない。

「世界で戦える」

2019年に日本列島を席巻《せっけん》した歓喜は、遡《さかのぼ》ること28年前、マレーフィールドやランズダウン・ロードで当時の日本代表が得た実感と間違いなくつながっている。

1991年のチャレンジがなければ、今日のジャパンの大躍進もなかった――そう断言してもジェイミーだって、マイケルだって否定しないだろう。

もちろん、宿澤も平尾も、自分たちの実感がワールドカップベスト8として結実するのに28年もの歳月を要するとは想像だにしなかったかもしれない。

それでも、日本代表に多大なる貢献をしながらも共に50代で早世してしまったふたりにとって、自分たちの挑戦の28年後に、ジェイミージャパンが静岡でアイルランドを撃破し、横浜でスコットランドに引導を渡して世界8強入りを果たした事実こそ、〝アナザーラグビープラネット〟で受け取る最高のプレゼントになったことだろう。

# 平尾誠二

第2回 イングランド他5カ国共催大会 日本代表主将

## 平尾誠二（ひらお　せいじ）

1963年1月21日生まれ。京都府出身。京都市立陶化中学校でラグビーを始め、当時の山口良治監督に誘われて京都府立伏見工業高校に進学。3年時に大阪工大高校との決勝戦を7対3と勝って初優勝。同志社大に進学後は、2年生から4年生まで大学選手権3連覇を達成。

大学卒業後はイングランドのリッチモンドクラブでプレーし、帰国後の86年に神戸製鋼に入社。88年度にキャプテンに就任するや、全国社会人大会で初優勝。日本選手権でも大東文化大学を破って優勝を遂げた。その後、1995年の日本選手権まで、社会人大会、日本選手権7連覇を達成した。

日本代表には19歳4カ月で選ばれ、20歳のときに日比野弘監督・松尾雄治キャプテンのウェールズ遠征に参加。

ワールドカップは、87年の第1回大会から95年の第3回大会まで出場。99年の第4回大会には、代表監督としてワールドカップにのぞんだ。ジェイミー・ジョセフ現日本代表ヘッドコーチも平尾ジャパンの一員としてプレー。日本代表監督は2000年11月に辞任。以降、神戸製鋼の総監督やGMを務めた。

2016年10月20日に胆管細胞癌により逝去。享年53歳。

ラグビー日本代表 アナザー・リーダーズ File-2

## 突貫小僧がミスターラグビーに。桜の12番を正統継承

# 元木由記雄

CTB/RWC1995、RWC1999、RWC2003出場

W杯4大会連続でのメンバー入りはトモことトンプソン ルークと並ぶ。

ただし、弱冠20歳で臨んだ1991年の第2回大会では残念ながら出番はなかった。

「発狂しそうになるくらい悔しかった」

のちに"ミスターラグビー"と呼ばれるまでの存在になった元木由記雄は、大学2年生で参加した宿澤ジャパンでの体験をそんなふうに述懐する。

大阪工大高時代から将来を嘱望され、明治大でも1年からCTBとして不動のレギュラー。

「最初から大学では全然できると思ったが、代表では遊ばれている感じで相当悔しい思いをした。まずは明治で力をつけようと考え直した」

その言葉どおりに、明治大在学中は自らが主将を務めた4年生の時も含めて3度大学日本一となり、神戸製鋼入りした後に3度出場したW杯では、桜のジャージの12番は基本的には元木の番号となった。

95年大会では悪夢の145失点も経験したが、97年に誕生した平尾ジャパンで主将を務めるなどつねに日本代表のプライドを回復するために体を張り続けた。

2010年に現役引退後はU20日本代表や京都産業大などで指導にあたってきた。

1971年8月27日、大阪府出身。大阪工大高→明治大→神戸製鋼。19歳で日本代表初キャップ、91年W杯代表メンバー入り(出場なし)。95年から3大会連続出場。通算代表キャップ数79(写真は2003年W杯時)

［第3章］

# “145失点”という重い十字架

## 薫田真広

第3回南アフリカ大会 日本代表主将

Masahiro Kunda

# 第3回 ラグビーワールドカップ 南アフリカ大会 概要

1995年5月25日～6月24日
優勝＝南アフリカ、準優勝＝ニュージーランド
日本＝予選プール3戦3敗

（日本の成績＝予選プールC組）
●10－57 対ウェールズ
●28－50 対アイルランド
●17－145 対ニュージーランド

アパルトヘイト政策が世界中から非難され、ラグビーワールドカップにおいても第2回大会まで参加が認められていなかった南アフリカでの開催。初の単一国での単独開催ともなった。

1994年に初めて民主的な手続きによっておこなわれた普通選挙でネルソン・マンデラ党首が率いるアフリカ国民会議が第1党となり、アパルトヘイトが完全に撤廃されたことで、実現が可能となった。

元々は白人層のスポーツとして国民の大多数を占める有色人種からは「敵のスポーツ」と認識されることも多かったラグビーだが、スプリングボクスという愛称を持つ南アフリカ代表が勝ち進むにつれて、国民のほとんどが応援するようになっていく様子は本章でも触れている名作『インビクタス～負けざる者たち』で描かれているとおり。

# 薫田真広

第３回 南アフリカ大会 日本代表主将

延長戦で南アフリカがニュージーランドを破り、地元優勝を果たした

ニュージーランドとの決勝戦前には、マンデラ大統領がフランソワ・ピナール主将の背番号である『６』を付けたスプリングボクスのジャージを着て選手たちを激励。延長戦での劇的なドロップゴールで南アフリカ代表が初のワールドカップ制覇を成し遂げた。

小藪修監督に率いられた日本代表は、予選プールC組でウェールズ、アイルランド、ニュージーランドと対戦。ウェールズに10－57（5月27日）、アイルランドに28－50（5月31日）と大敗した後、6月４日のプール最終戦ではニュージーランドに計21トライを奪われ17－１４５という、いまだにW杯最多失点記録として残る不名誉な惨敗を喫した。

## いまだに『インビクタス』を観られない現実

そんなフレーズがしきりに喧伝《けんでん》された2019年の自国開催ラグビーワールドカップ。薫田真広ほど複雑な思いを抱いて、9月20日の開幕日を迎えたラグビー人はいなかったかもしれない。

「一生に一度だ」

ジミー・ジョセフヘッドコーチ率いる日本代表は自国開催ワールドカップのオープニングゲームという緊張感もあったのか、前半は動きが堅く、ロシアのフィジカルなプレーぶりに苦戦しながらもWTB松島幸太朗の3トライなどで30－10で順当勝ちした。

日本のラグビーファンにとっては待ちに待った開幕戦。

会場となった東京スタジアムが4万5745人のファンで埋め尽くされる一方、日本テレビ系列で放映された地上波放映の視聴率は関東地区で約18％、関西地区では約21％に上った。

ラグビーワールドカップ開催中に同じ日テレ系で放映されたプロ野球CSシリーズの視聴率がひと桁台にとどまり、他チャンネルでの世界陸上も約12％の平均視聴率だったことから考えても、まだジェイミージャパンの本格的大ブレイク前だったとはいえ、日本－ロシア戦がスポーツイベントとして当初から多くの注目を集めていたのは紛れもない事実だった（視聴率の数字はいずれも「ビデオリサーチ」社）。

2007年フランス大会以来、ラグビーワールドカップ放映に力を入れてきた日テレだけに、一般家庭でも開幕戦の余韻《よいん》に浸りながらフライデーナイトをラグビーモードのまま過ごしてもらうため、ワールドカップ開幕戦の生放送が終わったあと、「金曜ロードSHOW！」枠で放映したのが『インビクタス／負けざる者たち』だった。

言わずと知れた、クリント・イーストウッド監督による名作。

1995年のラグビーワールドカップ南アフリカ大会でスプリングボクスが頂点に立つまでの紆余曲折が、ネルソン・マンデラ大統領とフランソワ・ピナール主将をという傑出したリーダーの交錯をフィーチャーしながらドラマチックに描かれている。

ただし、人種の枠を超え、新しい国の門出を象徴するようなスプリングボクスの快進撃の一方で、当時を知る日本のラグビーファンには自明だが、ジャパンにとっての１９９５年南アフリカ大会は史上最悪と言ってもいい〝汚点〟を残した大会でもあった。

「いまでも『インビクタス』は観ていないですからね。知り合いに尋ねられれば、一応『観た。観た』と答えてはいるものの、それは真っ赤な嘘で、本当は観ていない」

## プロ化前提の世界トップ国相手に何の情報も持たずに撃沈

１４５対17。

いや、ジャパンを主体に並べ換えるなら17対１４５。

名匠イーストウッド監督がこのインパクトのある史実を見逃してくれるはずもなく、日本がニュージーランドに蹂躙された〝ブルームフォンテインの惨劇〟は、短い時間とはいえ、『インビクタス』の中でもしっかり描かれている。

## 薫田真広

第3回 南アフリカ大会 日本代表主将

主将として第3回ラグビーワールドカップで日本代表を率いた薫田にとっても、南アフリカ中央部のブルームフォンテインにおける忘れ得ぬ記憶と言えば、一番はこのニュージーランド戦ということとなる。

ただし、最も鮮烈に覚えているのは、意外にもゲーム中のことではなく、試合後の記者会見でのやりとりだという。

「試合後、海外のメディアから、この点差がワールドカップの将来にどういう影響をもたらすと思うかと尋ねられた。

正直言えば、当時はそんなことは少しも考えていなかった。ゲームは自分たちのものだという考えしかなかった」

1995年の第3回大会は、ラグビー界が長らく守り続けてきたアマチュアリズムを堅持したままおこなわれた最後のラグビーワールドカップとなった。

大会期間中にプロを認める「ラグビーのオープン化」に踏み切ることが宣言される一方、ラグビーワールドカップの出場国自体も1999年の第4回大会からは、第3回までの16から20へ増やすことが規定方針でもあった。

「海外ではプロ化へ進む前提で動いていて、選手たちもワールドカップでのパフォーマンスが自分の価値を高め、プロ契約する際の有利な条件に直結することを理解していたと思う。それに対してこちらは、そんな動きがあるなんて何も知らなかった。本当に何の情報もないままニュージーランド、アイルランド、ウェールズという世界のトップチームと戦わなければならなかった」

第2章で詳細に描写している宿澤ジャパンの情報戦の実戦部隊ともなった経験もあった薫田だけに、何の情報もなしにワールドカップ本番で本物の世界の強豪と戦うことに対する不安は当然のごとくあったが、当時の状況では選手サイドが独自に各国の情報を入手するなどということは実際にはほぼ不可能だった。

「国内なら、自分たちで情報を取ってこれたでしょうが、海外の情報をどうやって取ってくるのか。当時はスタッフも含めて誰もわかっていなかったと思う」

日本代表主将が漠然とはいえ感じていた不安は、東京から約1万4000㎞離れたブルームフォンテインで、想像以上に悪いインパクトを伴う形で現実のものとなってしまう。

初戦でウェールズに10－57（5月27日）、続くアイルランドにも28－50（5月31日）と、共に50点以上の失点を喫しながらの2連敗。

# 薫田真広

第3回 南アフリカ大会 日本代表主将

そして、1〜2戦の試合間隔同様、アイルランド戦から中3日という厳しい日程で運命のニュージーランド戦を迎えた。

「当時は日本代表のアタックを『タテ、タテ、ヨコ』と呼んだりしていたが、試合中は『この4年間やってきたものを出し切ろう』と、ひたすら一生懸命にプレーした」

皮肉なことに、そうしたジャパンの選手たちの愚直ささえも、結果的には大きな墓穴を掘る要因となってしまう。

「いま考えると、時間を稼いだりしながら失点を抑えることは可能だったと思います。ただ、オールブラックスと戦えるなんて、ラグビー人生の中で二度とないような機会でもあるわけで、自分たちのラグビーがどれだけ通用するか、『とにかくトライを取りに行こう』、その思いしかなかった」

そんなアタッキングマインドにより、ジャパンはニュージーランド相手に素晴らしいトライを2本奪ってみせた（トライスコアラーはいずれもFL梶原宏之）。

その一方で、80分間で全身黒ずくめの軍団の怒涛のアタックにインゴールを明け渡すこと実に21回。

1995年6月4日にブルームフォンテインのフリーステイト・スタジアムを埋めた

2万5、000人のファンは、2度の日本のトライにかかった時間などを除けば、ほぼ2~3分に1度の割合で、オールブラックスのトライを見せられ続けることになったのだ。

ちなみに前述した中3日という厳しいスケジュールはニュージーランドも同じ。おまけに、プール戦3試合すべてをブルームフォンテインで戦えた日本に対して、1、2戦をヨハネスブルグで戦ったオールブラックスには約400㎞の移動という、さらなる厳しい条件も加わっていた。

5日間でアイルランド、ウェールズという欧州の雄を連破してきていたオールブラックスが、そんな厳しい条件で戦う日本戦にメンバー総入れ替えでのぞんできたのは、当たり前といえば当たり前だっただろう。

145-17というラグビーワールドカップ記録は、はっきり言えば〝2軍〟のオールブラックスによって作られたものだったのだ。

当時は、ようやく出場チャンスを与えられたニュージーランド代表の控え組がワールドカップでプレーできる喜びを感じながら最高のプレーをしたかのような論評も多かったが、薫田が振り返るように、それに加えて大会後に控えるプロ時代に向けてより有利な契約を勝ち取るために頑張るというモチベーションにも溢れていたとするなら、彼らのどこまで

# 薫田真広

第3回 南アフリカ大会 日本代表主将

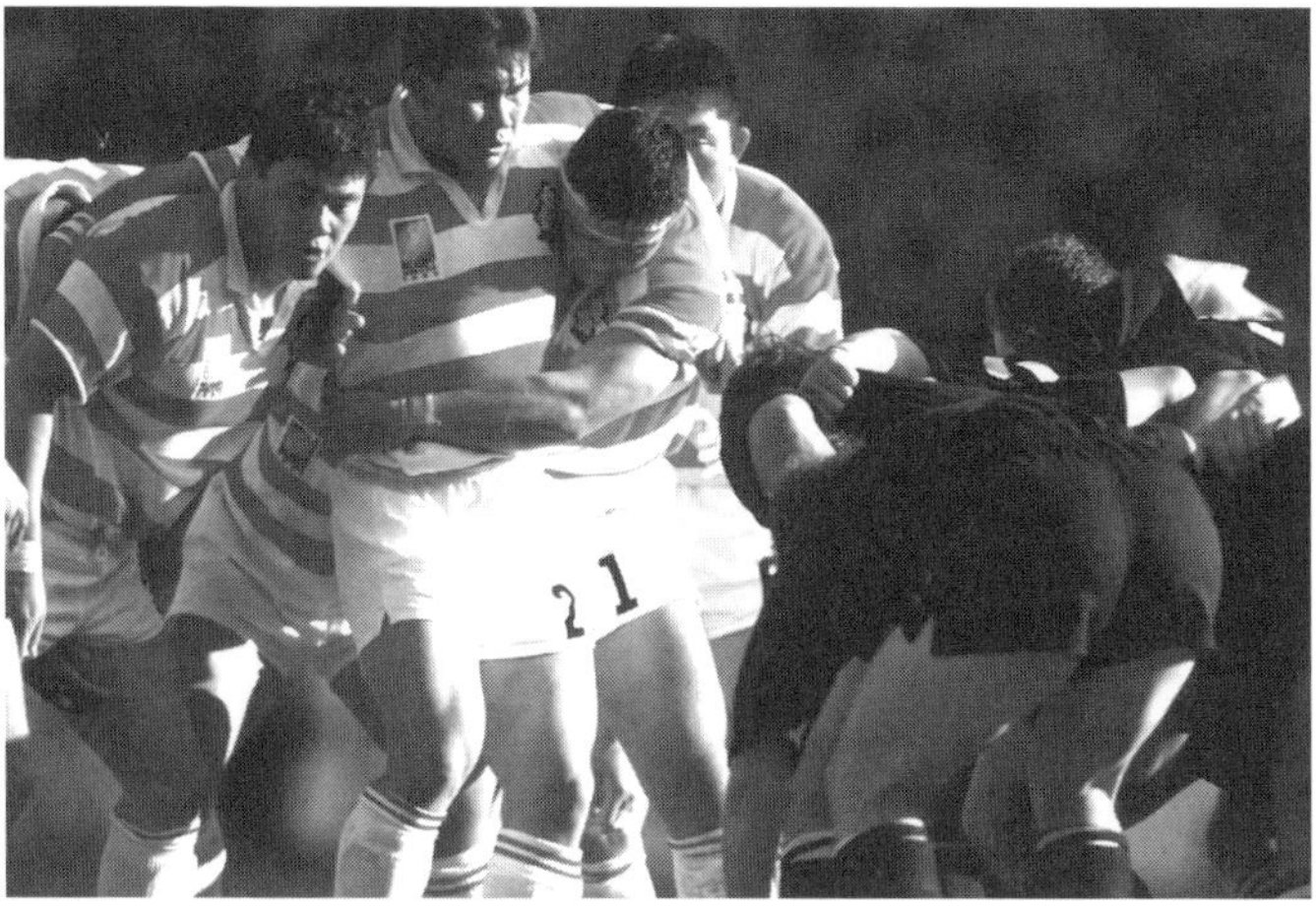

ニュージーランド戦の「145失点」はW杯最多失点記録

平尾ジャパンでのコーチ時代の薫田

も手を抜かないパフォーマンにも、余計に合点がいく。

## 145失点の責任の取り方を考え続けたラグビー人生

トライを取られるたびに、日本のキックオフで試合が再開されたが、当時の日本では一般的ではなかったキックオフボールに対するリフティングを体格に勝るニュージーランドが取り入れるかたちで悠々《ゆうゆう》とボールを獲得。そこからジャパンがボールを奪い返せずにノーホイッスルトライというシーンが繰り返された。

「それならと深く蹴っても、余裕を持ってキックオフのボールを確保したジンザン・ブルック（ニュージーランドNO8）が20mくらいのロングパスを放って、スピードのあるBK陣が面白いようにスペースを突き進んで行く。ジャパンのBK陣からは『（オールブラックスのBKは）速すぎて歯が立たない。あきまへん』なんて声が出ていたくらいだった」

そもそも、このニュージーランド戦はジャパンの指揮官自ら「50点差以内の敗戦なら合

# 薫田真広

第3回 南アフリカ大会 日本代表主将

格点」という低い目標設定がされていた試合だった。

当時のジャパンの選手たちがその事実を知ったのは、日本からの報道によってだったが、「それで『死ぬ気で戦ってこい』と言われてジャージを渡されても響かない」のも確かだっただろう。

「このスコアはワールドカップ出場国を16から20に増やすという計画にどういう影響をもたらすと思うか」

すでに冬の夕刻を迎えていたフリーステイト・スタジアム。寒々とした空気の中、145点を取られての敗戦のあとも笑顔で選手たちを迎えた小藪修監督と共にのぞんだ試合後の記者会見でそんな質問を突けられたとき、頭が真っ白になり、初めて事の重大さに気がつかされたという薫田はこの時、28歳。

「もちろん、辞めることで責任を取る方法も考えた。あの145点を取られたチームのキャプテンだった自分がそれ以上、日本代表としてプレーしてはいけないのではないか、と」

実際、このニュージーランド戦を最後に退任した小藪監督の跡《あと》を継いだ山本巌監督体制では、いったん薫田自身も桜のジャージを脱ぐことになる。

その一方で、国内では薫田が所属していた東芝府中が1996年度から日本選手権で3連覇を達成。薫田自身も主力選手として活躍した。

1997年、まだ現役を続けていた平尾誠二が日本代表に就任。

平尾監督は1991年、1995年と2度のワールドカップを共に戦った経験を持つ薫田に対しても協力を要請してきた。

ただし、選手としてではなく、求められたのはFWコーチとしての役割だった。

当時、薫田は30歳。東芝で日本一となり、一プレーヤーとして脂が乗り切っていた自覚は間違いなくあった。

「本心では、『いやいや、まだまだ現役にこだわっている』という部分はもちろんあった。それでも『わかりました』と伝えた」

東芝でバリバリ現役プレーヤーとして活躍しながら、ジャパンではコーチとして尽力するという難しい決断は、1995年ワールドカップ、もっと言えば、あのニュージーランド戦で日本代表主将を務めていた事実に対する責任の取り方を熟考してきたがゆえに導き出された結論でもあった。

「日本ラグビーに大きな負の遺産を残してしまったことは間違いないわけで、将来的に日本のラグビー界がその負の遺産を清算した上で素晴らしい状況になっていくために自分のできること、とくに経験を伝えていくということに関してはできる限りやっていく。それが、あの試合でキャプテンだった人間の本当の責任の取り方なのではないか。いろんな方々の話も聞きながら、自分の中ではそう結論づけていた。日本ラグビーが負のスパイラルから抜け出すことにつながることはすべてやっていこう。伝えられることはすべて伝えようと決めた」

たとえば、2019年大会でも圧倒的な存在感を見せて、ジャパンの快進撃の一翼をになった堀江翔太などもそうだが、薫田の現役時代のポジションでもあるHOは、他のポジションと比較しても間違いなく経験の有無がプレーの善し悪しをも大きく左右するポジションだろう。

堀江にとって2019年の日本大会が33歳で迎える3度目のワールドカップだったよう

に、薫田自身も1999年のウェールズ大会に33歳で参加している。コーチとしてではなく、あくまでも純粋に選手としてだ。91年、95年に続く3度目のラグビーワールドカップだった。

「平尾さんに最初にコーチとして呼ばれたときも、自分自身は現役にこだわっていたわけで、コーチとしての勉強もしていない状態。現役プレーヤーがいきなりコーチするのは無理な話だし、コーチらしいことは何もしていない」

当初は自分が主将としてかかわった負の遺産への責任の取り方を考え、請《こ》われるままにコーチとして参加した平尾ジャパンだったが、その経験が意図しないかたちで現役プレーヤーとしての本人の成長を促すことにつながった。

「コーチらしいことはしていないんですが、目線が変わって、ラグビーの理解度が高まったことで、プレーの幅が広がった」

就任当時はコーチとしての役割を期待していた平尾監督も、前述のような国内での東芝の無双状態もあり、ワールドカップ予選を控えた98年には、プレー面で円熟期を迎えていた薫田に選手としてジャパンへの参加を求めてくるようになる。

「自分としてもジャパンに復帰した現役最後の2年間が、ラグビーをプレーしていて一番

# 薫田真広

第3回 南アフリカ大会 日本代表主将

ジェイミージャパンでは強化本部長を務めた

面白かったという感触がある」

その言葉どおり、1999年第4回ラグビーワールドカップでは日本のプール戦3試合すべてで先発出場を果たし、同シーズンに現役を引退。

その後は、1999年ワールドカップ後、いったんは継続することになった平尾ジャパンでコーチを務めたり、ユースの指導に携わったりもしながら、2000年代半ばには監督として東芝ブレイブルーパスの黄金時代を築き上げた（04〜05年シーズンからのトップリーグ3連覇など）。

就任当初から「4年間、全力を尽くすと決めていた」という自分で立てた予定よりは1年長い5年間で東芝の監督を勇退したあとは、U20日本代表監督としてマイケル・リーチを主将に指名して鍛え上げ、エディー・ジョーンズヘッドコーチ時代にはアシスタントコーチ、さらにジェイミー・ジョセフヘッドコーチ時代には強化委員長など、現在の日本代表の躍進にもつながる強化担当者としての重責を果たしてきた薫田だが、その活動原理の根底にあったのは間違いなく1995年の145失点だ。

「日本ラグビーのためになるなら、ジャパンが負のスパイラルから抜け出す力になれるなら」と、請われる限りは日本代表強化に携わってきたのも、145失点の試合で主将を務めていたという十字架を背負ってきたからでもあるだろう。

2008年のU20世界ジュニア選手権で薫田がU20日本代表主将に指名したリーチが2度目の日本代表主将としてのぞんだ2019年地元開催ワールドカップで快進撃を続けたジャパン。

薫田自身は直前の2019年8月に日本代表強化委員長の座を離れることになったが、日本開催ワールドカップ期間中は日本協会の技術委員会の一員として、自らも長らくその強化に尽力してきた日本代表というチームの成長ぶりに目を細める日々が続いた。

## 薫田真広

第3回 南アフリカ大会 日本代表主将

「いまのジャパンが1995年当時のワールドカップに出たら、間違いなく優勝できる。そして、それは様々なステークフォルダーの支援があったからこそなし得た結果。日本ラグビーを支えるすべての人の総意があって、国民的熱狂につながった」

今後、『インビクタス』を観るチャンスが訪れるかどうかは定かではないが、長年背負い続けてきた「145失点」の呪縛からは、個人としても深くかかわったエディージャパン、そしてジェイミージャパンの奮闘により、少しずつ解放されつつあるのかもしれない。

## 薫田真広（くんだ　まさひろ）

1966年9月29日生まれ。岐阜県各務原市出身。

岐阜工業高でラグビーを始める。同校3年時に花園出場。1回戦で長崎の大村工業高と対戦し、0－0の同点の末、抽選負け。抽選くじは主将だった薫田が引いた。高校3年時のポジションはFLだったが、高校日本代表にも選ばれ、HOへの転向を薦められる。

筑波大から東芝に進み、1990年4月におこなわれた1991年ラグビーワールドカップ予選の西サモア戦で初キャップ。以降、91年、95年、99年の3度のワールドカップ出場を果たすなど、日本代表として44試合に出場。

2000年に現役を引退した後は、東芝の監督としてトップリーグ3連覇を達成。日本代表アシスタントコーチ、同強化本部長、U20日本代表監督なども歴任。

［第4章］

# 「日本人と同じ」感性にたどり着いた、初の外国人主将

# アンドリュー・マコーミック

第４回ウェールズ大会 日本代表主将

Andrew McCormick

1999 Rugby World Cup Captain

# 第4回 ラグビーワールドカップ ウェールズ大会 概要

1999年10月1日～11月6日
優勝＝オーストラリア、準優勝＝フランス
日本＝予選プール3敗

（日本の成績＝予選プールD組）
●9－43 対サモア
●15－64 対ウェールズ
●12－33 対アルゼンチン

ウェールズをメインホストに、イングランド、スコットランド、アイルランド、フランスによる5カ国での共同開催。

名将グレアム・ヘンリー監督率いる地元ウェールズはプール戦でサモアに敗れたものの、アルゼンチン、日本を破って、なんとか8強入り。準々決勝でオーストラリアに9－24で完敗して北半球で最もラグビー熱が高いとも言われる地元ファンの期待に応えられなかった。

大会のクライマックスは準決勝のニュージーランド対フランス戦。

怪物WTBジョナ・ロムーなど完璧な布陣で優勝候補筆頭と考えられていたオールブラックスが後半4分までに24－10と大きくリードしたが、フランスはSOクリストフ・ラメゾンの2DGと2PGで追い上げたあと、同16分WTBクリストフ・ドミニシ、同20分CTBリシャール・ドゥ

決勝でフランスを破った豪州が2度目のW杯制覇

ルトゥ、同34分WTBフィリップ・ベルナサルと3連続トライを決めて大逆転。41－31で世紀末の大アップセットを成し遂げた。

準決勝で歓喜に包まれすぎた影響もあったのか、フランスは決勝では精彩を欠き、準決勝での南アフリカとの息詰まる延長戦を制して勝ち上がってきたオーストラリアが完全に試合を支配して、35－12で勝利。6試合で許したトライがわずかに1個という完璧なディフェンス力を見せて、2度目のワールドカップ制覇を果たした。

38歳の〝若きミスターラグビー〟、平尾誠二監督に率いられた日本代表は初戦のサモア戦で完全に力負け（9－43）した後遺症もあったのか、続くウェールズ戦ではさらに点差を開かれて15－64で大敗。プール戦最終戦でもアルゼンチンFWに試合を完全に支配されてノートライ負け（12－33）。前大会に続いて3戦3敗で戦いを終えた。

## オールブラックスの可能性を捨てて日本へ

オールブラックスまであと一歩。

そんな状況が続いていた20代半ばで迎えた、人生最大の岐路だった。

「東芝が外国人選手を探している」

のちにニュージーランド協会会長となるカンタベリーラグビー界の重鎮ジョック・ホッブスからそんな話を聞いたのは、ちょうど「ラグビー選手として新しいチャレンジが必要かもしれない」と考えていた時期だった。

「当時のオールブラックスのセンターにはリトル（ウォルター）－バンス（フランク）という絶対的なコンビもいたし、自分のプレーが伸び悩んでいるのも感じていた。リフレッシュが必要だなと思って、海外でプレーすることも視野に入れ始めていた」

父親は1960年代後半のオールブラックスのスター選手のひとりで、祖父もオールブ

# アンドリュー・マコーミック

第4回 ウェールズ大会 日本代表主将

ラックスというラグビーファミリー出身。

半ば、オールブラックスを目指すことが義務づけられていた環境であるがゆえに、そのままニュージーランドでラグビーを続けることに、息苦しさみたいなものを感じていたのかもしれない。

「お父さんもおじいさんもオールブラックス。もちろん、僕もオールブラックスになりたかったけど、その一方で、『自分は自分。自分の力で生きていきたい』という気持ちも強かった。誰も自分のことを知らない日本でチャレンジしたいと思って東芝でプレーすることに決めた」

カンタベリー州代表、そしてニュージーランドA代表でもプレー。ラグビー王国で順調にエリートコースの階段を登っていたかのように見えた25歳の〝アンガス〟こと、アンドリュー・マコーミックは、1992年秋、太平洋を北上して日本に渡り、東芝府中の一員となった。

「あと少しでオールブラックスなのに」

そんな声を振り切っての旅立ちだった。

## ラグビーも生活も。すべてが苦しかった来日1年目

本当にゼロからのチャレンジだった。

現在のトップリーグチームとは違って、外国人選手を受け入れる環境は全く整えられていなかった。それが、マコーミックが飛び込んでいった1990年代前半の日本ラグビー界の現実だった。

「日本に来たのは失敗だったのかな」

来日して1年ほどは、自戒の念にかられる苦しい日々が続いた。見知らぬ国でのチャレンジは無謀だったのか――。

ニュージーランドではあり得ない土の上での練習。最初は食べ物も合わなかった。

「いまと違って、チームに通訳がいるわけではないし、3カ月間は日本語のレッスンがあったけど、『基礎ができたらあとは自分で』という感じだった」

一つひとつ自分で解決していかなければいけない環境に苦しみ、もがいた。でも、あとから考えると、その一つひとつの経験が自分の力になったのも確かだった。そして、その事実こそ、自ら望んだ「自分の力で生きていく」ということでもあった。

「いま日本にいる外国人選手は5年くらいプレーしているのに、日本語をあまりしゃべることができない選手もいる。僕も、1年目は辛いことが多かったけど、新しいチャレンジのために日本に来ていたんだし、日本人と過ごす時間を増やさないとだめだと考えた。ラグビー選手以外の日本人ともです。だから、毎日8時から5時まで工場に行った。工場で『仕事をした』とは言えないけど、自分で日本人の中に入っていく努力はしたつもり」

いまは大好物となっている餃子でさえ気持ち悪いと感じたという来日1年目は、体重もどんどん減っていくなど慣れない環境に苦しんだものの、試合に出られるようになった2年目には、日本での生活、そして何よりも東芝の仲間とラグビーをすることに生きがいを感じるようになっていた。

当初の2年契約を終えてもそのまま日本に残ることに全く迷いはなかった。

## 東芝府中で主将を務めて日本一となり、30歳で日本代表入り

当時の東芝府中には、SH村田亙《わたる》、FB松田努といった、日本代表としても頭角を現わし始めていた恐ろしいほどのポテンシャルを感じさせる有望な若手がいた。東芝入りを決めたときに、当時の花岡伸明監督と交わした「東芝を日本一にする」という約束もまだ未達成だった。

「日本に残って、東芝で優勝する」

東芝との3年目の契約を結んだ時点ですでに27歳。そのまま日本でプレーするということは、オールブラックスになるのを完全に諦めるということも意味していた。

「もう、その頃は東芝で日本一になることに入れ込んでいたので、オールブラックスのことは全く考えなくなっていた」

1995年からは、東芝府中のキャプテンに就任。ちょうど同年のラグビーワールド

## アンドリュー・マコーミック

第4回 ウェールズ大会 日本代表主将

カップ南アフリカ大会で日本代表主将を務めた薫田真広の跡を継ぐかたちになったが、自身は、「東芝で日本一になることしか頭になかった」といい、日本代表のことは全く考えなかったという。

ただし、その白い肌をつねに真っ赤に染めながら、体から湯気が立ち上るほど80分間全力でハードワークするプレースタイルから〝赤鬼〟とも呼ばれたアンガスがジャパンに呼ばれるのは時間の問題だった。

南ア・ブルームフォンテインでニュージーランドに145点を取られて歴史的な惨敗を喫した小藪ジャパンに代わって、1996年に山本巌監督体制がスタート。グレン・エラ、エディー・ジョーンズというオーストラリア出身のコーチが加わっていたこともあり、すでに来日4年目となっていたマコーミックも当然のごとく日本代表に選ばれることになった。

「もちろん、日本代表に選ばれたのは光栄なことだし、責任もある。しっかりプレーしよう」

全くもって、他の日本代表選手が初キャップ時に思うのと寸分違《たが》わないであろう思いを抱いてマコーミックが自身初となるテストマッチにのぞんだのは96年5月11日、秩父宮ラグビー場でおこなわれたパシフィック・リム選手権の香港戦だった。

前年のワールカップで日本代表に圧倒的な実力を見せつけたオールブラックスにあと一歩という実力の持ち主だったマコーミック。単純に言って、実力的には日本代表としてプレーすることは当然と言えば当然だった。

「次もスターティングメンバーに入りたい」

これまた、ほかの選手と寸分違わぬ希望がかない、翌週の香港とのアウェー戦で2キャップ目を獲得。完全に日本代表でもポジションを自分のものにしたかに思われたが、再び秩父宮に戻っておこなわれたパシフィック・リム3戦目のカナダ戦ではいったん先発CTBに選ばれたものの、試合前日になって、エディー・ジョーンズから「急きょメンバーから外されることになった」旨《むね》、告げられたという。

コンディションは万全だったが、すでにノフォムリ・タウモエフォラウ、シナリ・ラトゥ、シオネ・ラトゥなど、大学のときから日本でプレーしていたトンガ出身選手が日本代表としてワールドカップでプレーしていたものの、オールブラックスに限りなく近づいていたニュージーランド出身選手が日本代表としてプレーすることに対して100％のコンセン

## アンドリュー・マコーミック

第4回 ウェールズ大会 日本代表主将

サスを得られないのが、当時の日本ラグビーの現実だったのだ。

「とても、ガッカリした」

正直に当時の気持ちを語るマコーミックだが、「日本ラグビーにはいろいろある」と落ち込まざるを得なかった状況は、翌年になると一変することになる。

1997年2月、神戸製鋼でまだ現役を続けていた平尾誠二の日本監督就任が発表されたのだ。

松尾雄治、元木由起雄などとともに〝ミスターラグビー〟とも称された平尾は神戸製鋼を7連覇に導き、日本代表としても宿澤広明監督の下、主将としてのぞんだ1991年大会ではジンバブウェ戦勝利の立役者ともなっていた（本書第2章参照）。

「日本代表とは日本でプレーする最強の選手たちを集めたチーム」

そう公言する若き新指揮官がオールブラックスに限りなく近かった選手の招集をためらうはずもなく、マコーミックは平尾ジャパンの門出となった97年5月の香港戦から日本代表の中心選手として起用され続けることになる。

97年は、神戸製鋼で平尾と共にプレーし、すでに2度のワールドカップを経験していた元木由記雄が主将に指名されたが、98年になるとマコーミックがその大役を務めるようになる。

「たぶん平尾さんは、僕がキャプテンになることに関して由記雄や薫田とは相談していたんだろうと思う」と推測するマコーミックだが、本人には「日本代表主将就任」に対する特別な話はなかったという。

マコーミックが最初に平尾監督の下で主将を務めたのは98年2月、日本選抜の名称で戦ったACTブランビーズ戦。

試合数日前のミーティングでメンバー発表がされたとき、自分の番号である13に主将を意味する○印がつけられていたが、「(CTBのポジションでコンビを組んでいた)由記雄の番号である12番に丸をつけようとして間違えたんだと思った」というほど、それは全く予想外の出来事だった。

## 「考えが合った」平尾監督の下、日本代表キャプテンに

# アンドリュー・マコーミック

第4回 ウェールズ大会 日本代表主将

2019年ワールドカップでリーチ マイケルが国民的関心を集める20年前、1999年のウェールズ大会でワールドカップ史上初の海外出身のキャプテンとして日本代表を率いたマコーミックだが、自分自身は「外国人」とは考えなかったという。

すでに、98年にジャパンのキャプテンに指名された時点で、東芝府中の主将として日本選手権2連覇を成し遂げていた。

「考えが合った」という平尾監督が主張する「日本代表は日本で一番強いチームであるべき」というのはそのとおりだと思ったし、来日7年目を迎えて「日本のラグビーも十分わかっている。気持ちも日本人と同じ。違うのは見た目だけ」という信念もあった。

「日本一になる」ためにやってきた東芝府中で主将となり目標を達成したように、「ワールドカップで勝つ」ため、ジャパンでも主将になる。

「東芝での経験もあったので、それは自然なことだった」

「世界で勝つ」

そう目標を定めた平尾ジャパンは妥協しなかった。

「全く情報がない中で戦わなければいけなかった」

平尾ジャパンでも中心メンバーとなった薫田がそう振り返る小藪ジャパン時代に比べて、対戦相手の分析も含めた情報収集・分析、テクニカルが充実する一方、マコーミック以外にも増え始めていた日本でプレーする外国人選手の招集も積極的におこなった。

中でも注目を集めたのがNO8ジェイミ・ジョセフとSHグレアム・バショップという95年ワールドカップでもプレーしたバリバリのオールブラックスたちの存在だった。

98年10月にシンガポールでおこなわれたアジア予選を勝ち抜き、99年ウェールズ大会への切符を手にしたあと、マコーミックは平尾監督から相談を受けた。

「ジョセフとバショップにチームに加わってほしいと思っている」

当然ながら、ふたりのことはよく知っていた。

バショップとはカンタベリー州代表で一緒にプレーして、一番仲がいいと言える存在だったし、オタゴ州代表時代のジョセフとは何度も戦い、敵としての恐ろしさもわかっていた。

ふたりの真面目なキャラクターも含めて日本代表にとって大きな力となると考えたマコーミックは、「素晴らしいアイデアだと思う」と即答する。

[第4章]「日本人と同じ」感性にたどり着いた、初の外国人主将

# アンドリュー・マコーミック

第4回 ウェールズ大会 日本代表主将

98年のW杯予選に向けた合宿での平尾ジャパン。中央奥がマコーミック主将

ただし、条件もつけた。

「その前に、ちゃんと剛臣《たけおみ》と亙《わたる》に話さないと」

98年当時、平尾ジャパンの不動のNO8とSHだった伊藤剛臣と村田亙にとっては、突然、オールブラックス組とレギュラー争いをしなければならない状況になるわけで、ふたりの日本人キーププレーヤーのベクトルがあらぬ方向に向かないような気遣いが必要だと〝赤鬼〟は考えたのだった。

「じゃあ、アンガスはジェイミーとグレアムに電話してください」

伊藤、村田のふたりに先にしっかり説明することを約束した平尾はマコーミックに、ジョセフ、バショップに対する日本代表参加要請に関する電話を要請。ふたりとも即答で快諾したという。

「1999年の段階で外国人を日本代表に選ぶのは勇気が必要だったと思う。平尾さんは世界のラグビーのこともわかっていたし、考えが広い人だった」

「尊敬している」という平尾監督の意向を受けて、ふたりのオールブラックスへ電話をし

# アンドリュー・マコーミック

第4回 ウェールズ大会 日本代表主将

アジア予選突破後の記者会見でのマコーミック主将(右端)。左からふたり目は平尾監督

たマコーミックの存在がなければ、のちにジョセフが日本代表ヘッドコーチに就任することもなかったかもしれない。

「エディー（・ジョーンズ）の跡《あと》、僕自身はジェイミーが日本代表のヘッドコーチになるとは全然考えていなかったけど、エディーのように日本ラグビーのことをよく知っている人が望ましいのは確かだった。だから、ジェイミーに決まったときは『素晴らしい』と思った。スーパーラグビーでも成功していたし、なんで前もって考えつかなかったかなと思ったくらい」

## 「もっと一緒にいる時間があれば」。伸び悩んだ平尾ジャパン

マコーミック主将に、新たに加わったジョセフ、バショップのオールブラックス組、さらにフィジー出身のパティリアイ・ツイドラキや東芝府中でもチームメイトだったロブ・ゴードンなどの外国人も加わった平尾ジャパンは、99年ワールドカップの前哨戦といえた、同年5〜6月のパシフィック・リム選手権で初優勝。4カ月後のウェールズでの戦いに向けて大いに期待感を高めていた。

この年のパシフィック・リム選手権はアメリカ、カナダの北米組、さらにフィジー、サモア、トンガの南太平洋諸国と総当たりでおこなわれ、日本はフィジーとのアウェー戦で敗れた以外は、いずれもワールドカップ出場国相手に4勝を挙げた。

実際にワールドカップの初戦で対戦することが決まっていたサモアにも37－34で競り勝ったが、その後「チームは伸びなかった」とマコーミックは述懐する。

# アンドリュー・マコーミック

第4回 ウェールズ大会 日本代表主将

「もっと一緒にいる時間がほしかった」。それが一番の悔いでもある。

ジャパンにとってパシフィック・リム最終戦となったアメリカ戦がおこなわれたのが6月12日。翌7月4日に韓国戦、さらに11日にニュージーランドのワイカト州代表との試合を共に日本選抜名で行い、同23〜27日の菅平合宿、そして8月20日にワールドカップ壮行試合をスペインと戦い、ウェールズに向けて出発している。

もちろん、ここ20年間でラグビーを取り巻く環境が大きく変化したことは間違いなく、20年前の段階ではこの直前強化スケジュールが精一杯だったのだろう。

ただ、2019年のジェイミージャパンが強化期間＝240日を経て、ワールドカップで結果を出した事実を考えてみると、赤鬼スキッパーが「もっと一緒にいる時間がほしかった」と嘆くのも理解できる。

そして、パシフィック・リム以降、「チームが伸びなかった」事実は、ワールドカップ初戦で再戦することになったサモア戦で露呈してしまう。

「パワーで負けた」

前述のとおり、4カ月前には競り勝っていた相手に9－43というまさかの大敗を喫したのだ。

1999年当時のパシフィック・リム、その後、2006年にスタートしたパシフィック・ファイブ・ネーションズカップ（07年からはパシフィック・ネーションズカップ＝PNC）などで、日本代表はサモア、フィジー、トンガと毎年のように対戦するようになった。

たとえば2007〜2011年のジョン・カーワンヘッドコーチ時代、日本はPNCでトンガと毎年対戦して5戦5勝という成績を残したが、肝心の11年のワールドカップでは18－31で完敗した。

そんな経験も経て、この3ヵ国はワールドカップになると全く違うチームになるという事実は、いまでは当たり前のことのように認識されるようになっているが、前世紀の段階では1999年のサモア戦がワールドカップでの初対戦であり、〝本番で強くなるパシフィック・アイランダー〟を想定して準備することは難しかっただろう。

「3戦とも勝ちにいく」（平尾監督）と宣言してのぞんでいたものの、初戦のサモア戦で想定外の大敗を喫したことで、チームはやや自信を失った面もあったかもしれない。

第2戦の地元ウェールズ戦も、前半こそ大畑大介のトライなどで見せ場も作ったが、後

## アンドリュー・マコーミック

第4回 ウェールズ大会 日本代表主将

半は「7万人が〝ウェールズ！ ウェールズ！〟。熱狂的なホームチームへの声援に関して慣れていない選手もいた」と、ワールドカップのアウェー戦という特別な雰囲気にのまれた面もあって、初戦以上の点差をつけられての完敗（15－64）。

最後のアルゼンチン戦も相手の強力FWに試合を完全に支配されるかたちで12－33で敗れた。

「日本代表のキャプテンに選んでくれた平尾さんに恩返ししたいと思ってたけど、結果がでなくて残念だった。でも戦い方は悪くはなかったし、メンバーのみんなには、『日本のラグビーは始まったばかり。ここが終わりじゃなく、スタート。これから面白くなる。頑張ってほしい』と伝えた」

マコーミックはこのワールドカップを最後に日本代表から引退。

さらに、99年度の国内シーズン終了後に東芝のジャージも脱ぐことになったが、実はこちらは想定外の出来事だった。

「本当はあと3年くらい現役を続けるつもりでいた。でも、ちょうど日本選手権での連覇が途切れて、会社は変化が必要だと考えていて、いままで東芝はずっと僕のことをサポートしてくれたし、『監督をやってほしい』と言われて、断れなかった」

このあたりも自分のことよりも組織のことを優先する日本社会に適用しようと努力し続けてきたマコーミックらしい身の引き方だったかもしれない。

結局、2000年から2シーズン、東芝府中の監督として指揮を執ったものの、「コーチとしての経験がなかったし、うまくいかなかった」と、結果は残せずに02年に辞任。

なんと、そのままジャパンのチームメイトだった桜庭吉彦《さくらばよしひこ》がヘッドコーチを務める釜石シーウェイブスで現役復帰し、チームを関東社会人リーグB優勝、さらにちょうど出場枠が広がっていた日本選手権にも導くかたちで、04年に2度目の現役引退。

今度こそ完全燃焼するかたちでジャージを脱いだ。

## 「日本人と同じ気持ち」でピッチに立ち続けて日本代表の顔に

「自分がガイジンだと思ってプレーしたことはない。ラグビーをプレーする上では日本人

# アンドリュー・マコーミック

第4回 ウェールズ大会 日本代表主将

99年W杯ウェールズ戦。左から2人目がマコーミック主将。右から２人目がジョセフ

99年W杯アルゼンチン戦でのマコーミック主将。勝利はつかめなかった

と同じだと考えていた」

そう語るマコーミックは、東芝の府中工場で朝から晩まで日本人と馴染む努力を続けたように、日本代表でも周りの選手との円滑なコミュニケーションをつねに心がけた。

「東芝でキャプテンやったときは元々ひとつのチームなので問題なかったけど、日本代表にはサントリーの選手も神戸の選手も東芝の選手もいた。だから一緒にいる時間を増やして、ひとつのチームになる必要があった。僕は合宿とか試合のときは朝ごはんに一番早く行って、だいたい最後までいた。みんな自分のタイミングで来るんだけど、誰かがひとりで食べてたら、そこに行って一緒に話をして……毎日、コーヒーを10杯くらい飲んでたかな」

リーチ マイケルのように、10代で日本に来て、日本人と一緒に学生生活を送りながら自然と日本人と生きていくことを学んでいったわけではない。

だからこそ、25歳のときに日本にやってきて、29歳で日本代表入りした〝赤鬼〟は、日々、自発的に日本人に馴染む努力を重ねて、「日本人と同じ」気持ちでグラウンドに立つまでになり、押しも押されぬジャパンの顔となったのだ。

# アンドリュー・マコーミック

第4回 ウェールズ大会 日本代表主将

## アンドリュー・マコーミック (Andrew McCormick)

1967年2月5日生まれ、ニュージーランド・クライストチャーチ出身。クライストチャーチ・ボーイズ・ハイスクール卒業。「リンウッド」所属。カンタベリー州代表、ニュージーランド・コルツ、ニュージーランドA代表などでプレーしたあと、1992年に東芝府中入り。1996年度からの日本選手権3連覇に貢献。主将も務めた。日本代表には1996年に初選出。97年に平尾誠二監督体制になると、不動の13番として起用される一方、98年からはキャプテンも務めた。99年のラグビーワールドカップ・ウェールズ大会にも日本代表主将として出場したが、3戦3敗の成績に終わり、同大会を最後に代表から引退した。日本代表通算キャップ数は25。

2000年から東芝府中の監督を務めたあと、02年に釜石シーウェイブスRFCで現役復帰し、04年までプレー。その後は、同チームのテクニカルコーチ、NTTドコモ レッドハリケーンズヘッドコーチ、関西学院大ヘッドコーチなどを歴任。現在はラグビー選手のマネージメントなどを担当するHalo SportのGMを務めるとともに、外国人初の日本代表主将の経験を伝えるべく、ビジネス、教育分野等での講演や、メディア出演活動をおこなっている。

愛称はアンガス。

**Another Leaders File_3**
**Daisuke Ohata**

ラグビー日本代表 アナザー・リーダーズ File-3

## テストマッチトライ数は世界一

# 大畑大介

WTB／RWC1999、RWC2003出場

1999年、2003年大会とW杯連続出場を果たした日本ラグビー史に燦然と輝く快足トライゲッター。ジョン・カーワンHC体制となった2007年W杯アジア予選（06年11月）で主将を務めたが、直後に右足アキレス腱断裂。苦しいリハビリを経て、いったんは本大会のメンバー入りしたものの、開幕2週間前のポルトガル戦で今度は左足アキレス腱を断裂するという悲劇に見舞われ、3大会連続本大会出場はならなかった。

「ワールドカップはホントに代え難いもの。何かを犠牲にしてもいいから、その場に立ちたい。僕の中ではそれぐらい大きいもの」

07年当時そう語っていた大畑だが、翌年神戸製鋼の一員としてトップリーグでの復帰は果たしたものの、かつてのスピードを完全には取り戻せず、「自分の中ではサクラが一番」と特別な思い入れがあった日本代表に返り咲くことのないまま、11年のW杯を前に現役を引退した。

なお、W杯での3トライも含めて、日本代表としてテストマッチで挙げた計69トライは世界記録。99年大会のウエールズ戦のトライなど数々の伝説のプレーでも知られる。抜群の身体能力でお正月のTV番組『スポーツマンNO.1決定戦』（TBS系）などでも活躍。甘いルックスも相まってラグビーファン以外の層からも人気抜群である一方、07年のケガの際には「（W杯のある）フランス入りの前でチームへの影響が少なくて、まだよかった」と語るなどフォア・ザ・チームの姿勢を貫いた。

1975年11月11日、大阪府出身。東海大仰星高→京都産業大→神戸製鋼。仏強豪クラブ、モンフェラン（現クレルモン・オヴェルニュ）でのプレー経験もある。日本代表通算58キャップ、69トライ

［第5章］

# 男前な“ザ・キャプテン”の誕生

## 箕内拓郎 ①

第5回オーストラリア大会 日本代表主将

Takuro Miuchi

2003 Rugby World Cup Captain

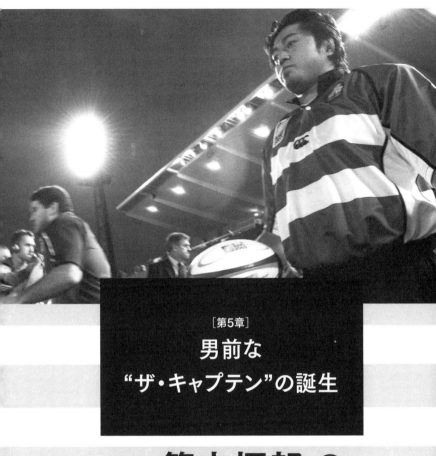

# 第5回 ラグビーワールドカップ オーストラリア大会 概要

2003年10月10日〜11月22日
優勝＝イングランド、準優勝＝オーストラリア
日本＝予選プール4戦4敗

（日本の成績＝予選プールB組）
●11－32 対スコットランド
●29－51 対フランス
●13－41 対フィジー
●26－39 対アメリカ

当初はニュージーランドとの共催予定だったが、ニュージーランド側の準備遅れのため、オーストラリアでの単独開催となった。

前回1999年大会から出場国が20カ国となっていたが、この大会から5チームずつの4プールで1次リーグを戦うスタイルとなり、日程的な有利、不利が表面するかたちに。

のちに日本代表ヘッドコーチとなるエディー・ジョーンズ監督に率いられたオーストラリアはプール戦を1位通過。ただし、同最終戦のアイルランド戦で17－16と苦戦するなど、地元では多くは期待できないという空気もあったが、準々決勝でスコットランドに快勝（33－16）して迎えた準決勝では、堅守でニュージーランドを1トライに抑えて22－10で快勝し、決勝に勝ち進んだ。

決勝は盟主国イングランドとの対戦と、オーストラリアとしては最も盛り上がるかたちとなり、

# 箕内拓郎 ①

第5回 オーストラリア大会 日本代表主将

実際、試合は80分では決着がつかず、延長戦にもつれ込んだが、最後はイングランドが生んだ史上最高の司令塔とも言われるSOジョニー・ウィルキンソンが利き足ではない右足で〝サヨナラ・ドロップゴール〟を決めて20―17で劇的な勝利を収め、頂点に立った。2019年日本大会も含め、ラグビーワールドカップで北半球勢が優勝したのは、この時のイングランドのみ。

SOウィルキンソン(右端)のサヨナラDGで地元・豪州を破ったイングランドが初の世界一に

直前の強化試合では結果が残せず、多くの批判を浴びながら本大会を迎えた向井昭吾監督率いる日本代表だったが、プール戦初戦のスコットランド戦、同・第2戦のフランス戦と、6カ国対抗の強豪を脅かすパフォーマンスを見せた。いずれも終盤に引き離されて金星獲得はならなかったものの、地元オーストラリアではジャパン人気が爆発。現在もラグビーの日本代表を賞賛する際に使われる〝ブレイヴ・ブロッサムズ〟は、この時の現地メディアが向井ジャパンを賞賛するのに使ったのが起源とされる。

スコットランド、フランスには善戦したものの、日程的な不利もあって、続くフィジー戦、アメリカ戦では実力を出し切れず、4戦4敗で大会を終えている。

## 前代未聞、初キャップの試合から主将を務めた男

まさに、リーダーになるために生まれてきた男と言っていいだろう。

ラグビー人なら誰もが一度は夢に思い描いたことがあるはずのワールドカップ出場。トッププレーヤーにとっても、そんな夢の実現を2回連続で果たすことは至難の業《わざ》だ。たとえば、2015年、2019年の2大会で連続してラグビーワールドカップのメンバー入りしたのは10人。2011年と2015年大会ではさらにその数は減って、8人しか2大会連続でメンバー入りを果たせていない。

一プレーヤーとして2大会連続出場を果たすこと自体、相当難しいのに、なんと2大会続けて主将として日本代表を率いた稀代のスキッパーが史上ふたりだけ存在する。ひとりは言わずと知れた、2015年および2019年のリーチ マイケル。

# 箕内拓郎 ①

第5回 オーストラリア大会 日本代表主将

もうひとりこそ、本章、そして次章の主人公である箕内拓郎。２００３年のオーストラリア大会と２００７年のフランスでジャパンを引っ張った「男前」なキャプテンである。

ちなみに、リーチが初めてジャパンのキャプテンとなったのは初代表から数えて7年目のシーズン。すでに日本代表として28キャップを重ねていた。

一方、箕内のほうはというと、驚くべきことに、日本代表初キャップの試合と初日本代表主将の試合の日が同じ。つまり、初めて日本代表としてプレーしたときからジャパンのキャプテンだったということになる。

２００２年5月の対ロシア戦。

00年12月から03年のラグビーワールドカップ・オーストラリア大会まで日本代表監督を率いた向井昭吾監督は、代表選手としては何の実績もなかった26歳のＮＯ８を、いきなりジャパンのキャプテンとして国立競技場のピッチに送り出した。

近年では、19年日本大会でも大活躍したＳＨ流大《ながれゆたか》が17年の日本代表デビュー戦でいきなりキャプテンを務めた例はあるが、それはあくまでもアジアラグビーチャンピオンシップでの話（17年4月22日、韓国戦）。

アジアでの戦いも重要なテストマッチには違いないが、近年の傾向としては若手でのぞむ大会になっていて、２０１７年当時もリーチをはじめとする主力選手たちはメンバー外だった。

流と同じように地元開催ワールドカップで大ブレイクしたＮＯ８／ＦＬ姫野和樹が、所属するトップリーグのトヨタ自動車で、新人ながらいきなり主将を任された例もあるが、やはり代表主将とは少々意味合いが異なるだろう。


「国際経験、英語力、キャプテン経験、プレー面」


これが、向井がテストマッチ経験ゼロの選手にジャパンのキャプテンを任せることに決めた理由である。

当時、箕内は26歳。そもそも、この4つの条件をすべて兼ね備えている20代後半の選手がそれまでジャパンに選ばれていなかったことのほうが不思議だったとさえ言えるかもしれない。

## 箕内拓郎 ①

第5回 オーストラリア大会 日本代表主将

# 名門大出身でも強豪チーム所属でもないからこその抜擢《ばってき》？

大学時代には関東学院大の主将として同大学を初の大学王者に導き（1998年）、大学卒業後は英国オックスフォード大に留学して〝ヴァーシティ・マッチ〟と呼ばれる由緒正しきケンブリッジ大との定期戦に出場（1998年）。ブルーの称号を獲得している。

そして、99年に帰国してNEC入りすると、途中イタリアでのプレー経験も挟みながら2001年シーズンにはチームキャプテンを任されている。

実は、向井ジャパンの実質的なスタートとなった2001年の時点ですでに箕内は代表入りを打診されている。

ただし、この年は、NECでの主将1シーズン目だったこともあり、「チームのことに専念する」ため代表は辞退する一方、向井には次のシーズンからは選ばれれば必ず日本代表に参加することを明言してもいた。

01年の国内シーズンが終わり、次シーズンの日本代表の活動計画が明らかになる頃、向井は千葉県我孫子市にあるNECのクラブハウスに出向き、まだ日本代表としてプレーした経験のない箕内に対して、「キャプテンをやってもらう」つもりであることを伝えた。

「さすがに、『いやいやいや、何を言っているんですか？　向井さん』という感じで、即答はできなかった」

当然だろう。まだジャパンの一員としてテストマッチ出場すら果たしていなかったのだ。そんな自分にいきなりキャプテン就任要請があるなんて夢にも思わなかったという言葉に嘘はないはずだ。

ただ、タイミング的には、漠然とではあったものの、ラグビー選手として新たなチャレンジをしたいと考えていた時期ではあったという。

福岡県立八幡高校という決して強豪校とは言えない環境ながら、日々自分たちなりに強豪校を倒すためのラグビーを磨き、当時まだ新興校だった関東学院大でも、名門大学へのチャレンジを続けた。4年時にはキャプテンとして同大学を初の大学日本一に導き、卒業

# 箕内拓郎 ①

第5回 オーストラリア大会 日本代表主将

後は英国・オックスフォード大へ。

そのプレースタイルにも通じると言ってもいいだろうが、どんな環境においても、相手が誰だろうと怯《ひる》まずに体を張り続けながら前進していく。しかも、チャンスでもピンチでもチームに必要な決定的な仕事をしてみせてくれる。

箕内が、言葉にするのはたやすいがグラウンド上でブレずにやり続けるのは決して容易ではない、そんな資質を兼ね備えた選手だったことに疑念の余地はないだろう。

オックスフォード大留学時。“ヴァーシティ・マッチ”前の記念写真に納まる箕内

決して最初から恵まれた環境でラグビーをしてきたわけではなかったからこそ、つねにチャンレンジを続けてたどり着いたともいえた日本代表でもあったが、このジャパンという日本でラグビーに携わる人間すべてが憧れる存在と

いってもいいチームさえも、箕内にとっては到達点というよりは、新たなチャレンジの場という意識のほうが強かったのかもしれない。

「こんなチャンス、誰にもあるわけじゃない」

当時のNEC太田治監督（元日本代表PR）や大学時代の恩師である春口廣・元関東学院大監督などにも相談しながら、この突拍子もない向井監督からの打診を受諾《じゅだく》することに決めた。

「代表メンバー一人ひとりのキャラの濃さでは、いまのジャパンにも負けてないと思う」

当時の向井ジャパンの選手たちの特徴をそんなふうに述懐する箕内。

PR長谷川慎、FL大久保直弥、FL渡邉泰憲、FL／NO8伊藤剛臣、CTB元木由記雄、WTB大畑大介。

1999年のラグビーワールドカップでも活躍した錚々《そうそう》たるメンバーが円熟期を迎えていた。

「自分よりもキャプテンにふさわしい人たちがたくさんいる」

箕内がそう考えたのも至極当たり前だっただろう。いずれもが、しっかりとリーダーシップを発揮しながら周りを引っ張っていけるタイプである気がするし、日本代表として

# 箕内拓郎 ①

第5回 オーストラリア大会 日本代表主将

の実績も十分だった。

「向井さんとしては、自分の色を出したいんだろうな、というのは感じた」

前述した、平尾ジャパンからの流れを引き継ぐキャラの濃いメンバーたちが揃うがゆえに、その中からキャプテンを選ぶとその選手の色、あるいは所属チームの色が強くなりすぎる。

向井自身、東芝を3連覇に導いていたが、神戸製鋼色でもサントリー色でもなく、あるいは東芝色でさえない向井ジャパン色をつくっていきたいと考え、その象徴として関東学院大出身でNEC所属という、当時の日本ラグビーの中では色を出し切れていない存在ともいえたチーム出身の箕内に白羽の矢を立てたという面もあったのかもしれない。

「当時のジャパンはサントリーと神戸製鋼の選手が多くて、実際には派閥みたいなものはなかったけど、どちらかの選手に決めて、そっちに固まってしまうのを恐れたというのはあったかもしれない。その点、僕はNECだし、大学も明治でも早稲田でもなく関東学院。向井さんも東海大出身だし、共通点があるというか、自分の色をチームに浸透させていくためにはちょうどいい存在と考えたのかも」

## グラウンド以外でチームをまとめるのは最初から諦めていた

「男前」

のちに箕内の跡《あと》を継ぐかたちで日本代表主将の重責を担うことになる菊谷崇は、そんな言葉を使って、前任者への尊敬を語る。曰《いわ》く、「一瞬にして空気を変えたり、背中を見てるだけで『ついていきたいな』と思わせるオーラは真似できない。ドンピシャのタイミングで言ってくれる台詞も男前。自然と『ついていきまっせー』と、スイッチが入る」

そんな賞賛を受ける本人自身、「グラウンド以外のことは気にしない」と認めていたとおり、ピッチの外でも雄弁にリーダーシップを発揮していくタイプでは決してない。

「僕自身、キャプテンシーとして一番大切にしてきたのは、『グラウンドでチームを勝たせること』。ジャパンでも練習と試合にフォーカスさせてもらっていた」

# 箕内拓郎 ①

第5回 オーストラリア大会 日本代表主将

あくまでも、関心事はグラウンド上で結果を出すことだけ。その潔《いさぎよ》さも後任者に「男前」とつぶやかせる要素になっていたのだろうし、当時、ジャパンの主力だった先輩選手たちの「キャラの濃さ」を考えても、グラウンド以外の部分でもチームをひとつにまとめていくなんて、箕内自身が「無理ですよ」と認めるとおり、最初から諦めざるを得なかったというのが現実だったのかもしれない。

「いまだったら、グラウンド外のことも気にしないといけないんでしょうけど、当時はチームビルディングでまとまって何かをしなければいけないというのもなかった。もっと自然にチームをつくっていく感じ。ラグビーみたいに大人数でやる競技だと、チームの中で合う、合わないって絶対出てくる。でも、グラウンドに立ったらお互いのためにやるのがラグビー。ジャパンでも先輩たちが練習終わったあとに『FW会やるぞ』とか、節目のときなんかには『チームで飲みに行くぞ』とか言ってくれて、自然に絆を深めていく感じだった。そういうかたちでチームワークを自然に作り上げていく最後の時代だったかもしれない。

実際に、何も言わなくてもグラウンド内では物凄い集中力を発揮してくれて、逆にグラウンド外まで縛っちゃうと『もう、いいよ』ってグラウンドでも集中できなくなるようなタイプの選手ばかりでしたし。僕のほうもグラウンドの外のことまで自分の力を向ける余裕もなかったので『そこはみんな頼むよ』という感じで。時代も良かったんでしょうね」

そんな、昔気質のチームの「男前」キャプテンであり、現役時代も「試合で緊張したことはほとんどない」という箕内だが、ラグビー人生で2度だけ、とてつもない緊張感を抱きながら試合にのぞんだことがあるという。

まず人生1度目のド緊張試合は1998年12月8日。〝ラグビーの聖地〟トゥイッケナム競技場でダークブルーのジャージを身にまとい、オックスフォード大の一員としてヴァーシティ・マッチを戦ったときだ。

「試合前に6万何千人の大観衆がゴッド・セイブ・ザ・クィーンを歌って、スタジアム全体が揺れるんですよ。雨も降っていて、こんな中でノックオンなんかしたら何て言われるかわからない。『日本人だから』とか言われちゃうぞ、なんて考えちゃって。『マジでヤバいところに来てしまったな』と」

# 箕内拓郎 ①

第5回 オーストラリア大会 日本代表主将

## W杯直前の評価は低かった向井ジャパン

そして、2度目こそ、2003年ワールドカップでの日本の初戦、対スコットランド戦だった。

「子供の頃、第1回ワールドカップをテレビで観て、『JK（ジョン・カーワン＝ニュージーランド代表WTB）スゲーな』とか思っていたのに、自分がそのワールドカップの場に立つなんて、『凄いところまで来ちゃった。感慨深いな』。そんなことを考えたら珍しく緊張モードに入っちゃって、実際にロッカールームからグラウンドに出て行くときも照明が眩《まぶ》しいし、声援もすごかったので緊張モードが解けないまま試合が始まった。しかも、いきなりキックオフのボールが自分のところに飛んできた。『ヤベー。ミスしたら俺のワールドカップ終わっちゃうよー』とか頭に浮かんで、実際には2〜3秒のはずなんですけど、スローモーションみたいになかなかボールが落ちてこない。それでも、何とかキャッチできて『よっしゃー。これで乗っていける』と思って展開したんですけど、そうしたらパスを受けるはずだったタケさん（伊藤剛臣＝ＦＬ）がふつうにノックオンして……悪いけど、笑っちゃいました。『この人もふつうに緊張してるんだ。こんなに経験ある人でもワールドカップでは緊張しちゃうんだ』と。逆に、僕自身の緊張感はそれで解けちゃいました」

この２００３年10月12日にオーストラリア北東部タウンズヴィルでワールドカップ初戦を迎えた時点での向井ジャパンへの期待度は、決して高いとは言えなかった。

それは、２０１９年に自国開催ワールドカップを戦ったジェイミー・ジャパンと比較しても間違いなくそうだし、あるいは２００３年の４年前、１９９９年のワールドカップ時の平尾ジャパンのときと比べてもそうだったかもしれない。

２００１年シーズンはＮＥＣに集中するために日本代表を辞退した箕内。前述のとおり、チームで主将を務めて1年目、チームへの加入自体もその1年前ということを考えてみても、その判断は妥当だっただろう。

そして、ジャパンでもいきなりチームキャプテンとして迎えられ入れられた２００２年。箕内主将率いる日本代表はその年の最大のターゲットだったワールドカップ予選で韓国、

# 箕内拓郎 ①

第5回 オーストラリア大会 日本代表主将

第5回W杯フィジー戦での日本代表。ボールを持つのはSOミラー。左端が箕内主将

中華台北に大勝して出場権を獲得するなど、まずまずの内容でシーズンを終えることになる。

「ワールドカップ前年ということで、予選突破が一番の目標。そのアジア予選も含めてそんなに強い相手とはやらなかったし、自分たちのやりたいラグビーができていた」

ところが、ワールドカップイヤーの2003年に入ると、一気に不安要素が噴出することになってしまう。

日本代表キャップ認定試合では5月17日のスーパー・パワーズ・カップのアメリカ代表戦を皮切りに7試合を戦い、勝ったのは6月15日の韓国戦のみ。

オーストラリアA代表、イングランドXVという強豪国の準代表クラスに対する大敗以外にも前年快勝していたロシア代表にも敗れたことで、ワールドカップでは期待が持てないのではないかという空気が醸し出されていった。

「向井さん自身は、ワールドカップまでの時間をどう使っていくかということはしっかりプランニングしてあって、『途中で必ずネガティブなところは出てくる時期があるから、そこは気にしなくていい』と言ってくれていたので、僕自身はいまがそういう時期なんだろうと、あまり不安には思っていなかった。

ただ、実際に向井さんが記者会見なんかで突っ込まれたりして、本当は選手の責任なのに申し訳ないと感じてはいた。なかなか勝てない状況が想定されていたとはいえ、桜のジャージを着ている選手のほうがしっかり責任を果たしていたかというと、そうとは言い切れなかった気がしていたので」

2015年のエディージャパンは200日、2019年のジェイミージャパンは240日、ワールドカップイヤーに日本代表としての拘束期間があったのに対して、向井ジャパンの2003年の拘束期間は100日に満たなかった。

「いまみたいに、ワールドカップに向けて、ずっと合宿できていたわけではないし、2003年に入っても試合をしながらセレクションをしていた。早い段階からチームがあ

# 箕内拓郎 ①

第5回 オーストラリア大会 日本代表主将

2003年W杯アメリカ戦。
日本は前半＝赤基調、後半＝青基調という2種類のジャージで戦った

る程度固まって、みんなで同じ絵を見て、同じテンションでワールドカップに向けて進んでいくという一貫性はなかった」

２００３年に入り、一貫性がないパフォーマンスを続け、韓国に大勝したのを除けば、全く結果を出せないままオーストラリアに乗り込んだ向井ジャパンだったが、箕内自身は7月にメンバーが決まったあたりからチームの求心力がグッと高まったのを感じてはいた。

「向井さんは２００１年に0からスタートして本番でチームを10に持っていくプランは持っていたし、なるべく早い段階で10に持っていきたかったとは思います。ただ、当時の状況がそれを許さなかった。代表チームの試合や合宿における拘束時間などに対するイニシアチブは各チームが持っていたし、何より選手の覚悟が足りなかった。

それが、ワールドカップ開幕半年前に実際に豪州遠征をしたり、負け続けていたとはいえ、ワールドカップでの対戦相手を想定できる強豪との試合も経験して、選手の覚悟もようやく固まった感じだった」

## 〝ブレイヴ・ブロッサムズ〟を生んだ向井ジャパンの健闘

〝ブレイヴ・ブロッサムズ〟

2015年や2019年のワールドカップで日本代表を賞賛するために世界中のメディアを席巻したこのフレーズ。最初に使われたのは03年大会。向井ジャパンの健闘ぶりを讃《たた》えるため、オーストラリアの現地メディアがつくり出した造語だ。

いずれも6カ国対抗の強豪との対戦だった初戦の対スコットランド、2戦目の対フランス。

この2試合で見せた向井ジャパンのパフォーマンスはまさしく〝勇敢なサクラたち〟と呼ぶにふさわしいものだった。

11―32 対スコットランド
29―51 対フランス

この最終スコアだけ見れば、いずれも大敗ということになってしまうかもしれない。

ただし、2試合とも後半の途中までは勝利の期待を抱かせる健闘を見せた。スコットランドに対しては後半25分まで4点差（11―15）だったし、フランスにはまだ後半6分の時点だったとはいえ、いったんは1点差（19―20）に迫っている。

ひざ下に突き刺さるタックル、早い仕掛けからのスピードアタック。

現在のジャパンにもつながる日本人の特性を生かした向井ジャパンのラグビーの本質の部分はスコットランドにもフランスにも間違いなく通用した。

その意味では向井監督が作り上げたワールドカップで勝つためのプランは方向性としては間違ってはいなかった。

その一方で、当時はそのプランを実践する場がワールドカップ以外にないという厳しい現実が目の前にあったのも事実だった。

「いまのジャパンのように、ティア1の国と定期的に対戦できたわけではないし、もちろんティア1と2週続けて試合をするなんていう経験もなかった。

でもワールドカップでスコットランドとやって『大したことないな』という雰囲気になって、フランス戦には自信を持ってのぞめたし、実際60分まではプランどおりの戦いができていた。残り時間が20分になって、『さあ、ここからギアを上げるぞ』とみんなギアを上げたつもりだったけど、実際にはスピードが上がらなかった。

いくら正しいプランがあっても、実際にティア1の国相手にそういう状況を経験したことがあるかというとないわけで、想像していた以上に疲労が蓄積していた。それなのに、パッとフランスの選手を見たら、全然、顔色が変わっていなかったのはショックだった。終盤、相手が疲れていることを想定していたのに。『こいつら、持っているな』と思った」

この03年のオーストラリア大会から20カ国を5チームずつの4プールに分けて1次リーグがおこなわれるスタイルとなったため、どうしても日程的にすべてのチームを平等にす

# 箕内拓郎 ①

第5回 オーストラリア大会 日本代表主将

ることは不可能になってしまい、実際、日本はスコットランド、フランスという6カ国対抗の強豪国との連戦を中5日でこなしたあと、第3戦のフィジーとは中4日、さらに、第4戦のアメリカ戦は中3日かつタウンズヴィルからシドニー郊外のゴスフォードまで約2000㎞移動して試合をしなければならないタフなスケジュールを余儀なくされた。

第2戦からは全試合相手よりも休養日が少なく、つねに厳しい条件で戦わなければならなかったのが03年大会の向井ジャパンだった。

ちなみに、初のベスト8入りを果たした2019年大会の日本代表は、自国開催ということもあり、全試合、中6日以上の間隔という好条件下で戦えたことも、好成績につながった要因であることは間違いないだろう。

スコットランド、フランスとの対戦で〝ブレイヴ・ブロッサムズ〟の賞賛を勝ち取った向井ジャパンだったが、1991年大会以来となる勝利を目指したフィジー戦、アメリカ戦では、パフォーマンス自体は失速するかたちになり、13―41、26―39で連敗。

3大会連続で白星をつかめないまま、オーストラリアをあとにすることになった。

「スコットランド、フランスにも自分たちのやりたいラグビーができていたし、自信は持っていた。ただ、1試合、1試合、疲労が溜まっていくのはどうしようもなくて、正直動きは鈍かったと思う」

2019年大会でプール戦最終戦での日本との〝決戦〟に敗れたスコットランドは、その大事な一戦を中3日で戦わなければいけなかった。実際のところは、スコットランドは日本戦の前のロシア戦では主力を温存してジャパンとの戦いにのぞんだわけだが、それでも最初から1週間の準備期間が与えられていたホームチームに比べれば圧倒的な不利な条件で〝決戦〟を迎えなければならなかったのは事実だろう。

それがラグビーワールドカップの現実でもあるのだ。

「すべてがタフな経験だった」

初代表に選ばれたときから約1年半、主将として引っ張ってきた向井ジャパンでのワールドカップでの戦いを終えたときの箕内の素直な感想だ。

元木由記雄、大畑大介、大久保直弥……。ボロボロになるまで戦った仲間たちとささやかな打ち上げをおこなった、オーストラリアでの最後の夜。世界との戦いを終えたばかり

# 箕内拓郎 ①

第5回 オーストラリア大会 日本代表主将

だというのに、勇敢なサクラたちの目には、未来を見据えた確かなる闘志が溢れていた。

「ラスト20分間で勝ち切るのは並大抵のことではない。これからの4年間、こういうキツい経験を続けていかないと、絶対に勝てない」

それが、オーストラリアで〝ブレイヴ・ブラッサムズ〟と賞賛された男たちに共通する実感だった。

つねにグラウンドで体を張り続けるスタイルでチームメイトからの信頼を勝ち取り続けた

※箕内拓郎のプロフィールはP179に掲載

**Another Leaders File_4**
**Hitoshi Ono**

ラグビー日本代表 アナザー・リーダーズ File-4

## シンデレラボーイでもある“鉄人”最多キャッパー

# 大野 均

LO/RWC2007、RWC2011、RWC2015出場

本人は「泣いていない」と主張しているようだが、それは間違いなく主将の嗚咽《おえつ》が聞こえてきそうなシーンではあった。

2011年9月27日、ニュージーランド北東部ネイピア。第7章で詳細に紹介するW杯第7回大会プール最終戦。カナダに追いつかれて試合終了を迎えた後、呆然と立ち尽くしていた菊谷崇・日本代表主将は、身長187センチの本人よりもさらに5センチ背が高い先輩FWから労《ねぎら》いの言葉をかけられると、その肩に顔を埋めてしばらく動かなかった。

「キク(菊谷)ちゃんを勝たせてあげられなかった」

当時、そんなふうに悔しがっていた大野均は、“学年”で言うならひとつ下の菊谷の兄貴分として時には主将代行も務めながらJKジャパンFW陣の先頭に立ち、その後、エディージャパンの一員としてイングランドで歴史を変える偉業にも貢献(06〜07年の4試合など、計7試合で日本代表主将を務めている)。

東北地区大学リーグという、通常はあまり日の目を見ない場所でラグビーを始めてジャパンにまで登りつめた“シンデレラボーイ”ストーリーの主人公でもあるハードワーカー(毎試合後、大野に「何キロ体重が減った?」と確認するのが取材者の日課だったりもする)は、14年5月以来日本代表最多キャップホルダーの座を守り続けている。

1987年5月6日、福島県出身。日本大学工学部(東北地区大学リーグ)でラグビーを始める。日本代表98キャップ、東芝所属(19年現在)。写真は日本代表のゲームキャプテンを務めた11年5月のUAE戦

［第6章］

# 求め続け、かなわなかった「継続的強化」

## 箕内拓郎 ②

第6回フランス大会 日本代表主将

Takuro Miuchi

2007 Rugby World Cup Captain

# 第6回 ラグビーワールドカップ フランス大会 概要

2007年9月7日～10月20日
優勝＝南アフリカ、準優勝＝イングランド
日本＝予選プール敗退／1分3敗

（日本の成績＝予選プールB組）
● 3－91 対オーストラリア
● 31－35 対フィジー
● 18－72 対ウェールズ
△ 12－12 対カナダ

イングランドとの招致戦に勝利したフランスがホストを務めたが、フランス国内の10会場に加えて、ウェールズのミレニアム・スタジアム（カーディフ）で4試合、スコットランドのマレーフィールド（エジンバラ郊外）でも2試合が開催された。

2003年オーストラリア大会同様、20カ国を4組に分けてプール戦がおこなわれた。開幕戦で地元フランスがアルゼンチンに敗れる波乱の幕開けとなり、その結果、A組2位となったフランスはホスト国にもかかわらず準々決勝をカーディフで戦わざるを得なくなる大失態。

それでも、ベルナル・ラポルト監督―ファビアン・ガルティエ主将率いるフランス代表は優勝候補筆頭と考えられていたオールブラックスを撃破（20－18）して、メインスタジアムであるスタッド・ド・フランスでの準決勝に駒を進めたが、準々決勝での豪州との激戦を制して勝ち上がっ

## 箕内拓郎 ②

第6回フランス大会 日本代表主将

てきたイングランドの堅守の前に沈黙。9－14で敗れ、地元で初優勝の野望は潰《つい》えた。

決勝戦はイングランドと、準々決勝でフィジー、準決勝でアルゼンチンを順当に破って勝ち上がってきた南アフリカとの対戦となった。プール戦での対戦時は36－0で南アフリカが大勝していたが、決勝ではイングランドも堅守を見せ善戦。両者ノートライの堅いゲームの末、5本のペナルティゴールを決めた南アフリカが15－6で勝ち、1995年以来となる頂点に立った。

決勝戦でイングランドを破った南アフリカが2度目のW杯制覇を果たした（写真はスミット主将とホワイト監督）

初戦の対オーストラリアと2戦目の対フィジーを中3日で戦わなければならない厳しいスケジュールを余儀なくされた日本は、31人の登録メンバーを「チームオーストラリア」、「チームフィジー」という2チームに分けてプール戦にのぞみ、オーストラリアには3－91という大敗を喫したものの、フィジー戦では終盤追い上げて31－35に迫り、さらにロスタイムでも攻め続けたが、あと一歩及ばずに惜敗。

第3戦のウェールズ戦で18－72と大敗したあと、プール最終となったカナダ戦ではロスタイムに飛び出したCTB平浩二のトライと同・大西将太郎のコンバージョンで12－12に追いつき、ラグビーワールドカップでの連敗を13で止めた。

## 03年大会終了時から継続的強化の必要性を訴えていたが……

〝ブレイヴ・ブロッサムズ〟

そんな賞賛を生んだ決死のパフォーマンスを続けながらも、勝利には届かなかった2003年大会の向井ジャパン。

「これからの4年間でこういう厳しい経験をどれだけ詰んでいけるかが、最後の20分で勝ち切るためのポイントになる」

オーストラリアから日本に帰国する前の時点で、すでに箕内主将をはじめとするリーダー陣の間では、そんな共通認識が出来上がっていた。

ワールドカップで結果を残すためには、4年間の継続的な強化が必要——。

結論から言えば、箕内主将をはじめとする向井ジャパンの勇者たちがオーストラリアで感じ取った課題が次の4年間に向けて生かされることはなかった。

03年大会から07年大会までのジャパンの強化は、「迷走」という表現がふさわしいと言わざるを得ないほど、継続性のないものに終始してしまう。

03年大会以降の4年間で日本代表の指導体制がどう変わっていったのかまとめておくと、以下のようになる。

04年春~05年夏=萩本光威《みつたけ》監督体制
05年秋~06年夏=ジャン・ピエール・エリサルドHC体制
06年秋=太田治GM/HC代行体制(ジョン・カーワンアドバイザー)
07年~=ジョン・カーワンHC体制

ほぼ1年ごとに監督/ヘッドコーチが入れ替わる異常事態――それが03年オーストラリア大会から07年フランス大会にいたる4年間で日本代表が遭遇していた現実だった。

03年大会を終えて退任することになった向井昭吾監督に代わって日本代表を率いること

になったのは萩本光威監督。神戸製鋼のヘッドコーチ、女子日本代表ヘッドコーチなどを歴任していた。

「萩本さんの下で4年間しっかり強化をできていれば、全然違うラグビーが完成していた可能性はあったと思う」

萩本体制になっても、そのまま日本代表キャプテンとしてチームを引っ張っていくことを求められた箕内は、いまでもそんな感触を持っている。

「向井さんのときはオーストラリアスタイルで、何時攻撃まではこうしていくよというシークエンスがしっかり決まっていた。それに対して、萩本さんは1回アタックしたあと、次は空いているスペースのほうを攻めていく感じで、あまり決めごとはなく、柔軟。もちろん判断力が必要だし、理解するには時間もかかる。実行するためのスキルも上げていかないといけない。

向井さんのときは、ココ、ココ、ココとラック作っていくのがあらかじめ決まっていたのが、萩本さんのラグビーの場合、必要なければラックにしなくてもいいという判断もありだし、アドリブ的な要素も出てくる。

つきつめていけば、ジェイミージャパンじゃないけど、オフロードでつないで相手のディフェンスに応じて空いているスペースにボール運ぶ。そういうラグビーを目指していたんだと思う。方向性としては僕自身も好きなラグビーだし、4年間、しっかりやっていければチームとしてかなり成長できたんじゃないか」

## 辞退者が相次いだ欧州遠征で100点ゲームでの惨敗

そんなふうに、箕内自身、大きな可能性を感じながら04年にスタートした萩本ジャパンだったが、前述のとおり05年6月には早くも終焉《しゅうえん》を迎えてしまう。

大きな〝クロスロード〟ポイントとなったのは、04年秋におこなわれた欧州遠征だった。スコットランド、ルーマニア、ウェールズと転戦し、それぞれテストマッチを戦った。

1度の遠征で複数のホーム・ネイションズ組とそれぞれテストマッチを戦うなんて、それまでの日本代表には考えられないことだったし、実際その後も実現していない。

しかも、スコットランド、ウェールズのホーム・ネイションズ組とのテストマッチの間に挟まれるかたちで対戦したルーマニアは欧州では6カ国対抗組に次ぐ実力を誇るチームだった。

そんな完璧ともいえたツアー日程が組めたのも、前年のワールドカップでの向井ジャパンのパフォーマンスが評価されたから。

オーストラリアで箕内主将をはじめとするシニアメンバーが感じた「4年間の継続強化の必要性」を絶対条件するしっかりとした日本代表強化プランがあれば、最上の経験の場になるはずの04年秋の欧州遠征だったが、待ち構えていたのは100点ゲームでの惨敗劇だった。

● 8－100 対スコットランド（04年11月13日 パース）
● 10－25 対ルーマニア（04年11月20日 ブカレスト）
● 0－98 対ウェールズ（04年11月26日 カーディフ）

「（遠征3戦目の）ウェールズ戦のあと、ミレニアム・スタジアムの裏で元木（由記雄）

# 箕内拓郎 ②

第6回フランス大会 日本代表主将

04年の欧州遠征ウェールズ戦。100点ゲームにしないため80分前に笛が鳴る屈辱を味わった

さんと『キッいな。武器を持たないまま戦いにきてしまった感じだよな』、『ちょっと厳しいですよね』というような言葉を交わしたのを覚えています。そのときのメンバーで03年のワールドカップにも行っていたのは僕と元木さんと直弥（大久保）くらい。そこまでチームが変わってしまうと、1から作り直さなければいけないわけで、しかも向井さんのときと戦い方も変わっていた。なのに準備期間はほとんどないまま遠征。選手たちはみんながんばってくれていたとは思うんですが、正直苦しかった」

ちょうど03～04年シーズンにトップリーグがスタートしたばかりだったというタイミングだったことも悪影響を及ぼした可能性はある。

いまは代表よりも所属チーム——そんなことを考えた選手も少なくなかったのかもしれない。

スコットランド、ウェールズという、なかなか対戦できない伝統国への遠征だったにもかかわらず、代表を辞退する選手が相次いだ。

「オフィシャルにはケガという理由だったとしてもそうではないケースもあった。いまからすると信じられないかもしれないが、当時はそこまで日本代表にプライオリティはなかった」

日本ラグビー界にとって、大きなチャンスだった04年の欧州遠征を最大限に生かす努力はなされず、結果として100点ゲームでの惨敗という悲劇が現実のものとなってしまったのだ。

## 萩本監督からエリサルドHC《ヘッドコーチ》へ。最終的にはJKが救世主に

「それからは事あるごとに『日本全体で変わらないと』、『日本代表を最大のプライオリ

# 箕内拓郎 ②

第6回フランス大会 日本代表主将

ティとして考えないと』ということを発言するようにした。僕が言うしかなかったので。萩本さんも同じ考えだった」

翌年の4月におこなわれた南米遠征ではウルグアイ、アルゼンチンに連敗。同5月の日本開催のＴＯＳＨＩＢＡスーパーカップではルーマニアを返り討ちにしたものの、カナダに敗れ、同6月には主力を欠くアイルランドにも大敗での連敗と、なかなか結果が伴わなかったことに加えて、スタッフや選手による暴行事件などグラウンド外での問題も浮上。前述のとおり05年夏の時点で萩本ジャパンは早すぎる終焉を迎えることになる。

代わりに日本代表を率いることになったのはフランス人指導者、ジャン＝ピエール・エリサルドだった。

すでに、萩本監督時代に臨時コーチとして指導陣に加わっていたこともあり、実際にエリサルドがヘッドコーチに就任することが発表されても、箕内自身が違和感を持つことはなかったという。

「フランスラグビーのエッセンスを取り入れようとしているんだろうなという流れはあっ

て、それは萩本さんがやりたかったラグビーとも共通点は多かった。春の時点で一緒にやっていたので、違和感はなかった」

05年秋のスペイン戦では44対29で勝利を収めたものの、翌年はアジア勢以外ではグルジア（当時）には勝ったが、トンガ、イタリア、サモア、ジュニア・オールブラックス、フィジー相手に5連敗。

翌年に控えるフランスワールドカップへの不安も囁《ささや》かれる中、06年夏にはエリサルドHCがフランスの強豪クラブであるアヴィロン・バイヨネのスポーツディレクターに就任したことが明らかになり、この二重契約を問題視した日本協会が同HCとの契約を解除する事態となった。

03年ワールドカップのあと、選手たちが「4年間の継続的な強化を」と望んだ重要なポイントのひとつに指導陣が変わらないことがあったのは間違いないだろう。

そういう意味では、オーストラリアで〝ブレイヴ・ブロッサムズ〟と賞賛された箕内主将たちが望んだとおりには全くと言っていいほど事が進まなかった3年間になってしまったわけだが、そういう泥沼と言ってもいい状況の中、現われた救世主がJK（＝ジェイ・

# 箕内拓郎 ②

第6回フランス大会 日本代表主将

ケイ）ことジョン・カーワンだった。

１９８７年の第1回ラグビーワールドカップでオールブラックスの大型ＷＴＢとして彗星のごとく現われ、１９１センチ、１００キロの恵まれた体を生かしたダイナミックな走りで計6トライを奪ってトライ王になるなど大活躍。同大会のイタリア戦で記録した90ｍトライは、伝説のプレーとして語り継がれてもいる。

現役晩年には日本のＮＥＣでもプレー。その後、指導者としてイタリア代表監督などを歴任しながらもＮＥＣのアドバイザーなどを務めて日本ラグビーとのコンタクトを持ち続けていたこともあり、エルサルドＨＣの退任が決まった日本代表を救う存在として白羽の矢が立てられることになった。

## 厳しい条件下でも、「ノー・エクスキューズ」にこだわったＪＫ

契約の都合上、ＪＫが日本代表ＨＣとなるのはワールドカップイヤーの07年に入ってから。ただし、オフィシャルには太田ＧＭがヘッドコーチを兼任するかたちでのぞんでいた06年11月に香港でおこなわれたラグビーワールドカップ・フランス大会アジア地区最終予選時から、実質的にＪＫジャパンはスタートしている。

その予選では大畑大介が主将を務めたが、年明けからは箕内が再び主将としてジャパンを引っ張っていくことになる。

「予選のときは、その前の段階で僕自身がケガで参加していなかったというのもあったと思う。２００７年のスタートのときにＪＫから『キャプテンをやってくれ』と言われて、元々ＪＫのことは知っていたし、ＧＭの太田さんもＮＥＣ出身だったことを考えても、誰か新しい人間がやってストレスになるよりは慣れている自分がやったほうがいいのかなと。大介も『箕内でいいんちゃう』という感じだったし、そもそもJKに言われたら断われない」

ノー・エクスキューズ。

つまり、「言い訳なし」。

ここまで見てきたように、03年ワールドカップ以降、継続的な強化がままならず、ワールドカップイヤーになって正式に日本代表強化責任者のポジションに就いたJKだったが、口癖のように「ノー・エクスキューズ」というフレーズを繰り返して、準備期間が少ないことを言い訳にはしない姿勢を貫き通した。

そして、その〝ノー・エクスキューズ男〟が２００７年フランス大会での目標として掲げたのが「2勝」だった

前述の06年11月の最終予選で香港、韓国に大勝してアジア地区代

“ノー・エクスキューズ”スタイルでジャパンの危機を救ったカーワンHC

表として6大会連続となるワールドカップ出場を決めていた日本代表。本大会ではオーストラリア、ウェールズ、フィジー、カナダと同じプールBで戦うことが決まっていた。

07年年初のIRB（国際ラグビーボード＝当時）世界ランキングでは日本が18位だったのに対して、オーストラリアは3位、ウェールズが8位、そしてフィジーが11位、カナダが13位というランクづけ。

JKが目標に掲げた「2勝」を挙げるターゲットとして考えられたのは、当然ながら世界8強を占めていたオーストラリア、ウェールズではなく、フィジーおよびカナダだった。

そして、ここで浮上してくる問題が、4年前のオーストラリアでも日本が苦しんだ試合間隔の不利さだった。

日本は9月8日に初戦のオーストラリア戦を戦ったあと、中3日で第2戦のフィジー戦を戦う厳しいスケジュール。しかも第1戦がおこなわれるトゥールーズから第2戦のリヨンまで500キロほどの移動もしなければいけなかった。

一方、対するフィジーは日本戦が大会初戦。

コンディションという意味では、圧倒的に日本に不利な状況であることは間違いなかった。

# 目標の「2勝」達成のため、〝2チーム制〟でW杯にのぞむことに

こうした厳しい条件下でも「ノー・エクスキューズ」を貫くJKが取った作戦——それが、〝2チーム制〟だった。

つまり、31人の登録メンバーを「チームフィジー」と「チームオーストラリア」に分けて、最初の2試合を乗り切ろうとしたということ。

対戦順とは逆にチームフィジーから先に触れたとおり、勝つ確率が高いと考えられていたフィジー戦に出る「チームフィジー」がAチーム、当時世界ランク3位のオーストラリアと対戦する「チームオーストラリア」がBチームという位置づけだった。

当然、チーム全体のキャプテンでもあった箕内が「チームフィジー」のキャプテンとなる一方、「チームオーストラリア」のキャプテンには弱冠23歳の佐々木隆道が指名された。

当時、この2チーム制導入は多くの批判を浴びたが、主将として矢面に立たなければいけない存在でもあった箕内自身は、この2チーム制を完全に肯定的に捉えていたという。

「僕自身、2003年のときに中3日で試合やって、すごくしんどかった記憶があった。1チームで戦って、1試合目に世界トップのオーストラリアとやって、3日後にフィジーに勝つというのは不可能というか現実的ではないと思った」

加えて、「チームフィジー」であれ、「チームオーストラリア」であれ、ワールドカップの試合に出るという現実が目の前にあったため、選手一人ひとりに明確な目標が設定され、途中で腐ったり、練習で手を抜くようなこともなく、「キャプテンとしてはやりやすかった」とも述懐する。

筆者自身、当時のJKジャパンを取材していて如実に感じたのが「チームオーストラリア」メンバーのテンションの高さであり、〝熱さ〟だった。

「選手としてはAチームともいえたチームフィジーに入りたいから、練習のときとかもチームオーストラリアの選手はチームフィジーの選手に対して本気になる。時には練習中につかみ合いになることさえあった。チーム全員に役割が与えられて、それぞれが目標に

# 箕内拓郎 ②

第6回フランス大会 日本代表主将

07年W杯。ワラビーズとの戦いにのぞむ“チームオーストラリア”メンバー

日本代表史に残る名勝負になった07年W 杯フィジー戦での箕内(右)。中央はLO大野均

向かって進みながらワールドカップを迎えられたという意味では効果的だったと思う」

こうして迎えたJKジャパンにとってのワールドカップ初戦のオーストラリア戦（リヨン・ジェルラン競技場＝9月8日）。

チームオーストラリアの15人は持っているものすべてを出し切るがごとく、ハードに戦い続けた。

## 「チーム豪州」の激闘が「チームフィジー」の名勝負を生んだ

とにかく激しく前に出て、相手のアタックを止め続ける。

前半、ワラビーズに3トライを許したものの、スタンドでチームオーストラリアの奮闘ぶりを見つめていた箕内がハーフタイムに遭遇したボブ・ドワイヤー元オーストラリア監督も「ジャパン、すごいな。いいチームだ」と声をかけてくるほど、多くのファン・関係者の心を打つパフォーマンスを披露した。

# 箕内拓郎 ②

第6回フランス大会 日本代表主将

ゲームキャプテンを務めた佐々木が宣言していたとおり、キックオフから100％出し切るパフォーマンスを見せていたチームオーストラリアだが、後半に入るとさすがに疲労の色が濃くなり、ワラビーズにインゴールを明け渡すシーンが多くなってしまう。

最終的には計13トライを奪われて91対3まで点差を広げられてしまうのだが、実はこの試合、後半3分に左膝を痛めた佐々木に代わってハレ・マキリがFLのポジションに入った以外、選手交代は全くおこなわれなかった。

もちろん、3日後のフィジー戦に出場予定のメンバーがオーストラリア戦で途中出場するなどしてコンディション不良に陥るのを防ぐため。

「みんな、あれだけ出し切っているのに、交代しないでさらに頑張ってくれている。その分、フィジー戦でしっかり戦わないといけない、というのはオーストラリア戦を見ていたチームフィジー全員が感じていたと思う」

そして、チームオーストラリアのメンバーがすべてを出し切るパフォーマンスを見せてくれたワラビーズ戦から4日後。トゥールーズのスタジアム競技場でおこなわれたフィジー戦は日本代表テストマッチ史をひも解いても指折り数えられる名勝負となった。

スコア的には前半4分のフィジーのペナルティゴールで幕を開けたこの試合、リードする側と追いかける側が入れ替わること実に6回。

最終的には35－31とフィジー4点リードのままインジュアリータイムに入ったあとも、実に5分以上にわたって日本がボールキープして攻め続けてフィジーゴールに迫ったものの、あと一歩のところ逆転トライは奪えず、悔しすぎる敗戦を喫した。

このフィジー戦がおこなわれたトゥールーズは、地元クラブチーム「スタッド・トゥールザン」が計20回フランス国内王者になるなど、フランスにおけるラグビーキャピタルといっていい都市。

そんな由緒正しい場所に集った目の肥えたファンが最終的には「ジャーポン、ジャーポン」と唱和しながら日本をサポートするほど素晴らしいパフォーマンスを見せたＪＫジャパンだったが、実はこのフィジー戦は、想定外の状況に追い込まれた中で必死にもがき続けていた試合でもあった。

# 箕内拓郎 ②

第6回フランス大会 日本代表主将

## SH《スクラムハーフ》が連続負傷。想定外な状況下、フィジーを追い込むが…

先発したSH吉田朋生《ともき》が後半18分に左足を痛めて矢富勇毅に交代。そして、わずかその7分後、今度は矢富が左足を痛めて退場を余儀なくされてしまったのだ。

「ハーフがふたりケガした時点で速いテンポが奪われて、自分たちの持ち味が出せなくなった。これから追い上げる立場としてはキツかった。

そういう意味では運がなかったし、あと自分も指導者になってからわかるのはプランA、Bまでは当然用意したとしても、さらにプランC、Dまで準備しないといけない、それくらい想定外のことがワールドカップでは起こりうるということ。でも、同じポジションの選手がふたり連続してケガして、それも想定した上で準備して勝ちに持っていけるかというと、なかなか厳しいものがある。それでもそこまで考えなくてはいけないのがワールドカップなんだなということを知った」

吉田、矢富両SHが退場したあとは、スタンドオフのブライス・ロビンスがスクラムハーフ役を務めることになったが、当然ながらパス出しが大きく遅れたり、パス自体が乱れるケースが目につくようになってしまう。

さらに、最後の時間帯、ボールキープを続けて逆転トライを狙った日本だったが、最後の力を振り絞って攻め続けてはいたものの、ボールキープすべきところで蹴ってしまったり、最後も縦にゲインを切った選手へのサポートが遅れてターンオーバーになったり……。「全員がひとつの絵を見る」という観点からいうと、「4年間の継続的な強化」不足が、トライを取り切る精度を高めきれなかったことにつながったのかもしれなかった。

「準備期間が7カ月しかないというのを言い訳にはしないと言っていたが、やはり時間が足りないという部分はあったかもしれない。ラスト何分でこういう状況になったときにこういうふうにボール動かして、こう攻める。これをしなくちゃいけない。これをしてはいけない。そういうところまで詰めておかなければいけなかった。そこまでの意思統一ができていなかった。そこは後悔している部分」

# 箕内拓郎 ②

第6回フランス大会 日本代表主将

07年W杯カナダ戦でピンチを救うDFを見せる箕内。
攻守に頼りになるザ・キャプテンだった

07年W杯カナダ戦で同点ゴールを決めたCTB大西に駆け寄るジャパンの面々。
勝てなかった悔しさも募った

## 「連敗阻止」にも笑顔なし。ボルドーでW杯での戦いに終止符

モールから2トライを取るなど「相手の弱みの部分を自たちの強みでしっかりついていくのがJKのラグビー」という意味では、当時はFWの組織プレーがウィークポイントでもあったフィジーに対してゲームプランどおりにプレーできた部分も多かった。そういう観点から言えば、JKの下で7カ月間準備してきたことの成果は出せた。

ただし、その前の3年間、萩本監督、エリサルドHCと指導者が替わっていく過程で積み上げたものがJKジャパンになってから生きたのか、あるいはそもそも何らかの積み上げがあったのか。そこには大きなクエッションマークがつく。

もちろん、基本的にはそこは選手がどうにかできる部分ではない。

「どの監督がいいというのは僕の中ではない。ただ、4年間継続した強化ができなかった。そこがもどかしい」

# 箕内拓郎 ②

第6回フランス大会 日本代表主将

フィジーに惜敗したあと、ウェールズに18－72と力負けしたものの、最後のカナダ戦ではインジュアリータイムに飛び出した平浩二のトライと大西将太郎のコンバージョンで、12－12の引き分けに持ち込み、ワールドカップでの連敗記録を「13」で止めることに成功した。

「2勝を目標にやってきたので、最後も全然喜べなかった」

JKジャパンとしてフランスワールドカップで最後の試合だったカナダ戦のあと、メンバーはすでに夕闇が包み込んでいたボルドーのシャバン＝デルマス競技場を1周してファンの歓声に応えた。

〝ジャーポン、ジャーポン〟。トゥールーズに続いて、ボルドーでも日本の健闘を讃える唱和が再び沸き起こったにもかかわらず、箕内主将をはじめ笑顔が見られない選手たちは少なからずいた。

「7カ月という短い準備期間で選手たちにそこまで自信を持たせたということを考えると、最初から

07年W杯カナダ戦国歌斉唱時

JKがヘッドコーチで4年間を過ごせていたら違っていただろうなというのは感じた」

その時点ですでに4年後のニュージーランド大会へ向けてはJK体制が続くことも想定されていたが、だからこそなおさら4年前に感じた「4年間の継続した強化の必要性」を現実化できなかった無念さも感じつつ、ジャパンを引っ張り続けた「男前な〝ザ・キャプテン〟」は、ワールドカップという特別なステージでの戦いに終止符を打った。

# 箕内拓郎 ②

第6回フランス大会 日本代表主将

## 箕内 拓郎（みうち たくろう）

1975年12月11日生まれ。福岡県出身。福岡県立八幡高校、関東学院大卒。大学4年時には主将として初の大学選手権制覇に貢献。大学卒業後、英国オックスフォード大に留学し、ケンブリッジ大との定期戦〝ヴァーシティ・マッチ〟に出場。〝ブルー〟の称号を得る。帰国後の1999年にNEC入りし、2000年にはイタリア・パエゼでもプレー。2002年5月の対ロシア戦で初キャップ獲得と同時に主将としても指名され、2003年オーストラリア大会、2007年のフランス大会と2回のラグビーワールドカップでも日本代表主将を務めた。日本代表としては2008年までプレーして計48キャップを獲得。そのうち45試合でキャプテンを務めるという、まさに〝ザ・キャプテン〟といえる存在だった。2019年現在、トップリーグ所属の日野ドルフィンズでコーチを務める一方、『ブリング・アップ』ラグビーアカデミーで菊谷崇、小野澤宏時などと共に子供たちの指導もあたっている。現役時代のポジションはNO8、フランカー。

ラグビー日本代表 アナザー・リーダーズ File-5

## 「世界を変える」戦いに挑んだ戦後最年少主将

# 佐々木隆道

FL / RWC2007出場

2007年6月のオーストラリアA戦で日本代表主将の戦後最年少記録を更新。その3カ月後のフランスW杯初戦のオーストラリア戦でもゲームキャプテンとしてジャパンを率いて“A”ではない本物のワラビーズと対峙《たいじ》した。

第5章本編でも触れたとおり、2チーム制を敷いた07年W杯の日本代表。“チームオーストラリア”を率いたのが弱冠23歳、サントリー入りして2季目を迎えようとしていた佐々木隆道だった。

「自分ではキャプテンしたいとか、そういう気持ちはない。なぜ自分を指名してくれるのか不思議」

自身はその資質に自覚的ではなかったようだが、啓光学園高でも早稲田大でも主将として全国制覇を果たした佐々木がキャプテンキャラであることに異を唱える人はいないだろう。

「練習中も自然にチームの先頭に立っている」

ジョン・カーワンHCからもそのリーダーシップを高く評価されていた佐々木ゲーム主将率いる日本代表は、当時世界ランキング2位だったオーストラリアに対して前半16分までトライを与えないなど善戦。

「世界を変える。勝ちにいく」

試合前、静かに語っていた佐々木は体を張り続ける熱いパフォーマンスで陣頭指揮を執ったが、後半早々に左膝を痛めて無念の途中交代。消沈したチームは以降、防戦一方となり3–91の大差で敗れた。

1983年10月30日、大阪府出身。啓光学園高、早稲田大を経て06年にサントリー入り。16年に日野に移籍。07年4月の香港戦で初キャップ。同年のRWCフランス大会豪州戦で主将を務めるなど日本代表通算13キャップ。ラグビーの動きを取り入れた低負荷かつ低速度の体操エクササイズ「ラグッパ体操」を考案

［第7章］

# 超人的なフル出場を続けた「キャプテンらしくないキャプテン」

## 菊谷 崇

第7回 ニュージーランド大会 日本代表主将

Takashi Kikutani

2011 Rugby World Cup Captain

# 第7回 ラグビーワールドカップ ニュージーランド大会 概要



2011年9月9日～10月23日
優勝＝ニュージーランド、準優勝＝フランス
日本＝予選プール 1分3敗

（日本の成績＝予選プールA組）
●21－47対フランス
●7－83対ニュージーランド
●18－31対トンガ
△23－23対カナダ

1987年以来となる〝ラグビー王国〟ニュージーランドでの開催。

グレアム・ヘンリー監督、リッチー・マコウ主将体制で24年ぶりとなるワールカップ制覇を狙うオールブラックスは、開幕戦こそトンガのフィジカルの強さに苦しんだものの、日本から83得点、カナダから79得点など、抜群のアタック能力を披露しながらプールAを1位通過。

ノックアウトステージに入っても準々決勝でアルゼンチン、準決勝でオーストラリアを破り決勝に勝ち上がったニュージーランドだが、その過程でダン・カーター、コリン・スレイド、アーロン・クルーデンとSO陣が次々に怪我で戦線離脱。決勝戦では、当初はW杯メンバーから外れ、「釣りを楽しんでいた」という〝第4の男〟スティーブン・ドナルドが、サイズの合わないピチピチのジャージでお腹を出しながら途中出場する緊急事態となった。

# 菊谷 崇

第7回ニュージーランド大会 日本代表主将

地元ニュージーランドがフランスを破り24年ぶりのW杯制覇を果たした

24年前と同じカードとなった決勝戦では、プール戦で大敗し、選手とマルク・リエヴルモン監督の間の確執が続いていたフランスが奮起。FLティエリー・デュソトワル主将を中心に激しいタックルを繰り返してオールブラックスを追い詰めたがわずかに及ばず、8－7でニュージーランドが逃げ切り、悲願の24年ぶりとなる地元でのW杯制覇を果たした。

プール戦初戦でフランスと対戦した日本は後半17分の時点で4点差に追い上げる健闘を見せたが、終盤、崩れて21－47で敗戦。ニュージーランドに対しては後半18分にWTB小野澤宏時がパスインターセプトからトライを奪った以外は見せ場を作れず大敗（7－83）。前回大会以降、敗れていなかったトンガ（18－31）、カナダ（23－23）にも勝ち切れず、2007年大会同様1分3敗の成績でニュージーランドを後《あと》にした。

## ジャパン以外でのキャプテン経験なし

前任者とは実に対照的な日本代表最前列への登場の仕方だった。

関東学院大でもＮＥＣでも主将を務めてチームをタイトルに導いていた箕内拓郎が当時の向井昭吾監督に請われるかたちで初キャップと同時に日本代表を務めるようになったのは第５章で詳細に記したとおり。

一方、結果的にその〝偉大なザ・キャプテン〟を引き継ぐことになったのは、自らのことを「キャプテンらしくないキャプテン」という男だ。

日本代表で主将を務めるまでは、ラグビーチームでのキャプテン経験なし。

唯一、小学校のときの野球チームでキャプテンを務めた遠い記憶がかすかに残っていたものの、それも「同学年がふたりしかいなくて、どちらかがやらなきゃいけなかったから」。

# 菊谷 崇

第7回ニュージーランド大会 日本代表主将

2007年のフランスワールドカップが終了した時点で、菊谷崇が4年後のニュージーランドワールドカップで日本代表を率いる存在になっていると想像できていた人間は皆無だっただろう。

それは、当の本人にしても、あるいは菊谷を主将に指名した指揮官でさえそうだったに違いない。

ジャン＝ピエール・エリサルドHC時代の05〜06年に10個の日本代表キャップを得ていものの、HCがジョン・カーワンに代わった2007年の招集はゼロ。フランスワールドカップもメンバー外だった。

実際、就任後わずか7カ月の準備期間で2007年ラグビーワールドカップを戦ったジョン・カーワン（JK）ヘッドコーチが翌年も指揮を執ることになったとき、箕内主将の後継者候補として考えていたリーダー群の中に菊谷の名前はなかった。

本格的に4年後のニュージーランド大会へ向けての強化が開始された08年の春夏シーズン、JKがゲームキャプテンに指名したのは「いったんは2007年でやめるという話をしたが、『次のリーダーを育てたいのでもう1年だけやってほしい』と言われたので、受け入れた」という箕内や、相馬朋和（PR）など、いずれもフランスワールドカップ時にも主力だった選手たちだった。

一方、菊谷も08年からは日本代表に招集されていたものの、春夏シーズンにおこなわれた9試合のテストマッチ中、先発出場したのは4試合のみと、まだまだ主力とはいえない存在だった。

## 箕内→菊谷の流れを決定づけた08年のサモアとの死闘

ところが、そんな春夏シーズンを終えて迎えたその年の秋シーズン。予定されていたアメリカ代表との2試合のテストマッチで突如、菊谷は日本代表主将の重責を務めることになる。いや、現実的にはその1週間前におこなわれたセレクションマッチ時から。

「2008年の春の時点では箕内さんや相馬さんがキャプテンをやっていて、秋は箕内さんがケガをしていたので相馬さんがキャプテンなんだろうなと思っていたら、相馬さんもケガ。アメリカ戦の前に日本代表のセレクションマッチがあって、そのミーティングのときに〝Aチーム〟のキャプテンに指名されて、思わず「はいっ？」と、返事の声が裏返ってしまうほどビックリして。そのときは〝Aチーム〟がほぼレギュラー組で〝Bチーム〟がチャレンジ組という位置づけだったので、自分の中では結構なサプライズだった。でも『まあセレクションマッチだから』とそれほど深刻には考えなくて、むしろ、代表に残るために自分のプレーをしっかりやることに集中していた。セレクションマッチではミスなくプレーできたので『なんとか代表に残れるかなあ』なんて考えていたら、アメリカ戦に向けた最初のミーティングの前にJKから『キク、キャプテンだから』と言われて。『えっ？嘘でしょ？』と」

そんなふうに、自分自身も、そして、おそらくはまわりの選手たちも全く予想しないかたちでジャパンを引っ張っていく立場になった菊谷だが、その後、2011年のワールドカップまで日本代表主将としてチームを引っ張り続けることになる。菊谷自身が「一瞬にして空気を変えたり、背中見ているだけで『ついていきまっせー』と思わせるオーラはマネできない。ドンピシャのタイミングで言ってくれる台詞も男前」と、その印象を語る偉大なる前任者・箕内拓郎の後継者として、だ。

この箕内→菊谷というジャパンを引っ張る〝スキッパー継承〟の流れを決定づけた象徴

的な試合が存在する。

08年7月5日。サモアの首都アピアでおこなわれたパシフィック・ネーションズカップ（PNC）2008最終戦でもあった、サモアとのアウェー戦。

それまでサモアとのアウェー戦で勝利を挙げていなかった日本だったが、この08年春夏シーズンの最終ゲームは、ホームでベストメンバーのマヌー・サモア相手に死闘といってもいい互角の戦いを繰り広げた。

ことに箕内主将のパフォーマンスは圧巻で、攻守に体を張ったプレーで立ち上がりからフィジカルバトルの先頭に立ち続けた。

その箕内主将が目を負傷して退場を余儀なくされたのが前半34分。大黒柱を失ったジャパンだったが、チームパフォーマンスは最後まで下降することなく、最終的には31－37で惜敗したものの、このレベルの相手にも敵地で勝つポテンシャルがあることを証明してみせた、JKジャパンにとって重要な意味を持つ試合となった。

そのサモア戦で箕内主将に代わって途中出場したのが、菊谷だった。

08年のアピアでの死闘の数少ない目撃者だった筆者自身、箕内主将が退場した時点で

# 菊谷 崇

第７回ニュージーランド大会 日本代表主将

08年サモア戦での菊谷(左端)。４カ月後に日本代表主将になるなど想像もしなかった

「ジャパンはどうなっちゃうんだろう」と心配したことを記憶しているのだが、そんな憂いをよそに、菊谷は実にノビノビとしたプレーぶりで偉大なキャプテンの穴を見事に埋めてみせたのだ。

おそらく、このサモア戦でのパフォーマンスがなければ、当時リーダーグループにいないどころか、レギュラーポジションを確保していたわけでもなかった菊谷をキャプテンとして箕内の後継者にするという発想はＪＫの頭の中に浮かんでこなかったはず。

サモアでのアウェー戦という、考えようによってはどんなテストマッチよりもハードな条件下での戦いとなる試合で、箕内に引けを取らない存在感を見せたことをきっかけに、その後、菊谷は桜のジャージ集団の中心に居続けることになる。

「最初は不安もあったんですけど、相馬さんや均さん（＝LO大野）がずっとついていてくれたし、自分でも意外なほど楽しかったんですよね。キャプテンとして振る舞うことが。それまでも、キャプテンはしたことがなかったですけど、ポジション（NO8やFL）的にFWとBKの間にいるので、コミュニケーションの中心にならないといけないし、つねにそういう声出しが求められる。なので、基本的には、ふだんどおりのことをしていただけで、キャプテンだからといって特別なことをしようとは思わなかった」

## JK流「もっともっとタフに」を実践し、フル出場を続けた

最初のアメリカとのテストマッチでいきなり2戦2勝という結果を残したこともあり、翌09年からは日本代表主将は完全に菊谷のものとなる。

ただし、押しも押されぬジャパンのスキッパーとなっても、菊谷流の「キャプテンらしくないキャプテンシー」スタイルは不変だった。

[第7章] **超人的なフル出場を続けた「キャプテンらしくないキャプテン」**

# 菊谷 崇

**第7回ニュージーランド大会 日本代表主将**

「みんながテンパっているときに、ちょっとリラックスさせるように、『もっと楽しもうや』という感じで、硬くなっているのを緩《ゆる》くするというのが僕のスタイル。緩いときにピシッとさせるのはＪＫがいたので、僕は逆でいいかなと。みんな調子のいいときは、僕が言わへんでも自然と声が出てきますから」

あまり笑わない男と言っていいだろうＪＫの横でチームの雰囲気を和らげる役割も担っていた菊谷だが、その一方で錚々たる面々が並ぶ歴代の「キャプテンらしい」日本代表主将たちも脱帽するような記録（？）も残している。

人をリラックスさせられる柔らかい雰囲気を持つ菊谷（11年W杯時）

とにかく試合に出続けたのだ。

08年11月のアメリカ戦以降、11年のワールドカップまで計34試合のテストマッチを戦った日本代表だが、そのうち菊谷が出場しなかったのは09年5月のカザフスタン戦と同・香港戦のみ。しかも、11年ワールドカップのニュージーランド戦で後半19分に途中退場した以外は全試合でフル出場を果たすという鉄人ぶりだった。

「ジェフリー（FLリーチ マイケル。〝ジェフリー〟はリーチのミドルネームで、当時はそんなふうに呼んだりもしていた）やコリー（NO8ホラニ龍コリニアシ）はいいパフォーマンスを見せているから休ませてもらえる。僕は出来が良くないから試され続けている」

キャプテンとして連続フル出場を続けていた当時、そのタフな状況を冗談交じりにそう語っていた菊谷だが、過酷なフィジカルゲームという性質を持つラグビーのテストマッチにおいて、これは驚異的な記録だろう。

しかも、当時のJKジャパンの春夏シーズンはアジア5ヵ国対抗からパシフィック・ネーションズカップになだれ込むというのが通常の流れで、アウェー戦でのコンディションの厳しさという意味では、現在の日本代表と比べても圧倒的に過酷な条件での試合が続いた。

たとえば、09年のPNCはフィジーでの開催だったが、サモア、ジュニア・オールブラックス、トンガ、フィジーとの対戦を中4日、中4日、中5日というスケジュールで戦わなければならなかった。しかも、30度を超える日も多い中、日中に試合はおこなわれた。当然ながら、宿舎や練習グラウンドもお世辞にも環境が整っているとはいえなかった。

「もっともっとタフにならないと世界では勝てない」
当時、そう言い続けていたＪＫの主張をまさしくキャプテンとして体を張って実践していたのが、菊谷だった。

## 「ONE《ワン》 TEAM《チーム》」はすでに菊谷主将時代に意識されていた

菊谷が日本代表主将として心がけていたこと、それは「ONE TEAM」になること。のちに菊谷の跡を継ぐかたちで２０１５年大会、２０１９年大会と２大会連続してワールドカップでジャパンのキャプテンを務めたマイケル・リーチ（現リーチ マイケル）の存在に象徴されるように、ＪＫジャパン時代になり日本代表としてプレーする海外出身の選手が増えていた（リーチは08年のアメリカ戦で初キャップを獲得している）。

周知のとおり、その流れは２０１５年のエディージャパン、そして２０１９年のジェイミージャパンへと引き継がれたが、実際、ジェイミー・ジョセフ体制となった2016年、日本代表は「ONE TEAM」を公式スローガンとして採用した。

「日本代表というのは寄せ集めのチームだし、ちょうど日本人だけじゃなくて、外国人も若い選手が増えてきて、新しく入ってきた選手もチームに溶け込みやすいようにニックネームリストつくったり、チームビルディングとして飲み会やったり、外国人だけで行動しないように気を配ったり、細かいですけど、そういうアクションには気を遣っていた」

最終的に2011年大会の登録メンバーのうち、10人が海外出身だったJKジャパン（2019年大会にのぞんだジェイミージャパンは31人中14人が海外出身）。チームスローガンにこそなっていなかったものの、日本代表の成功のためにはいろんなバックグラウンドを持つ多彩な選手が「ONE TEAM」になる必要があることを菊谷もまた強く意識していたのだ。

# 菊谷 崇

第7回ニュージーランド大会 日本代表主将

## W杯直前のイタリア戦以外はティア1との事前テストなし

「2勝」。

フランス、ニュージーランド、トンガ、カナダとの対戦が決まった時点で、JKは2011年ニュージーランド大会での目標をそう定めた。

その4年前のフランス大会では、同じく「2勝」という目標を立て、その実現のために2チーム制を敷いてワールドカップの戦いにのぞんだJKジャパンだったが、2011年大会時はJKの口から2チーム制が言及されることはなかった。

日程的には初戦のフランス戦と2戦目のニュージーランド戦の間の試合間隔が中5日、そして3戦目のトンガ戦は中4日、4戦目のカナダは中5日で戦うスケジュール。

フランス大会でフィジー戦およびカナダ戦をそれぞれ中3日、中4日で戦わなければいけなかったことを考えるなら、いく分厳しさが減った現実も影響したのかもしれなかったが、あからさまな2チーム体制は敷かれないままJKジャパンはニュージーランドでの戦いにのぞんだ。

前述のとおり、2008年から2011年までの4年間でJKジャパンにとって、最も強度の高い試合となっていたのは毎年6、7月におこなわれたPNCだった。

実際の08～11年のPNCでの日本代表の各対戦相手との勝敗をまとめると以下のようになる。

対フィジー＝1勝3敗
対サモア＝1勝4敗　※PNC以外の対戦も含む
対トンガ＝4勝
対ジュニア・オールブラックス＝1敗
対ニュージーランド・マオリ＝1敗
対オーストラリアA＝1敗

また、PNC以外での対戦相手としては、アメリカ（3勝）、カナダ（2勝）、ロシア（1勝）、イタリア（1敗）だった（アジア5カ国対抗を除く）。

# 菊谷 崇

第7回ニュージーランド大会 日本代表主将

11年W杯ニュージーランド戦での菊谷。唯一フル出場しない試合となった

いわゆるティア1と呼ばれる欧州6ヵ国対抗およびトライネーションズ（南半球3ヵ国対抗＝当時）との対戦は、ワールドカップ開幕直前の2011年8月にイタリアと対戦したのみ。

実際、イタリアとの対戦が決まった時点で、PR畠山健介は未知なる欧州の強力チームとの対戦に「すでに緊張している」と語るほど、当時のジャパンにとってティア1国とは、完全に未知なる存在だったのだ。

それでも、自信はあった。

結果的にその大会で優勝することになるオールブラックスは置いておくとしても、フランスにも、トンガにも、カナダにも十分勝算はあると、菊谷は考えていた。

ティア国との対戦はできなかったものの、3年前にアウェー戦で6点差で競り負けていたサモアに前年は敵地で勝利し（31－23）、数カ月前にも敵地でフィジーを破ってPNC初優勝を成し遂げていた。

IRB（現ワールドラグビー）の世界ランキングでは4年前の18位から13位へ。世界ランキングにおける右肩上がりでの上昇は、厳しい環境でのドサ回りを続けながら、本当に一歩一歩成長してきた証しだと信じてもいた。

## フランス戦終盤のゲームマネージメントに悔い

「やれるべきことはすべてやった」

自信を持って、過去4大会、年数にすれば20年間、ワールドカップで勝利を挙げられなかった日本ラグビーの歴史を変えるため、ニュージーランドに乗り込んだJKジャパンだったが、またも勝利の女神は微笑まなかった。

# 菊谷 崇

第7回ニュージーランド大会 日本代表主将

● 21-47 対フランス（9月10日 ノースハーバー）
● 7-83 対ニュージーランド（9月16日 ハミルトン）
● 18-31 対トンガ（9月21日 ファンガレイ）
△ 23-23 対カナダ（9月27日 ネイピア）

カナダ戦直後は「正直、いまは何が足りなかったのかわからない」と答えていた菊谷だが、落ち着いて考えられるようになってから頭をよぎったのは「後悔ばかり」だったという。「後悔はいっぱいある。チームづくり。ゲームマネージメント。自分のプレー。本当に山ほど」

なかでも、とくに悔やんでいるのが、初戦のフランス戦と最終戦となったカナダ戦。「フランスは後半にスキが出てくる傾向があることはわかっていた。ウインドウが開くんだ。だから、ハーフタイムに選手たちには、『ボールをキープしてプレッシャーをかけ続けろ』と指示を出した」（ジョン・カーワンヘッドコーチ）

「最初の20分間をいかにしっかり戦えるか。そのために、アップなどの方法も変えたり、メンタルを高めてのぞむ」

大会開幕前日に話を聞いた時点で菊谷がそうポイントを語っていたが、実際PNCなどでも最初の20分間で失点をするケースが多く、かつワールドカップ初戦ということで緊張感もマックスとなることも想定されていたため、立ち上がりにペースをつかむための対策は十分なされていたはずだった。

ところが、前半4分、11分と立て続けにフランスにトライを許す最悪の立ち上がりとなってしまう。

それでも、時間の経過と共に自分たちのラグビーができるようになっていったジャパンはSOジェームス・アレジの2トライなどで後半17分の時点で21－25と4点差にまで追い上げた。

「後半残り20分でのゲームマネージメント。ペースを上げ過ぎたところ。もう一度、落ち着いて、しっかりゲームコントロールすべきだった」

現実的には、日本の勝利が遠くなる瞬間となってしまった後半30分のフランスのトライは、日本が敵陣に攻め込みながら犯したミスからのターンオーバーによるカウンターアタックで奪われたもの。

# 菊谷 崇

第7回ニュージーランド大会 日本代表主将

そして、最後の10分間は日本のフィットネスが明らかに落ちた感じもあり、さらにフランスに2トライを加えられて、最終スコアは21－47まで引き離されるかたちとなった。

PNCで戦ってきたフィジー、サモア、トンガに対しては「自分たちの強みを出して、相手の弱みを突く」スタイルで確実に白星を挙げることができるまでに日本の実力が上がっていたのは、確かだっただろう。

ただし、その上にそびえていたティア1国、すなわち世界8強を向こうに回して、最後20分間で接戦を制して勝ち切ることに関しては、はっきりいえば全く経験がない状況。ぶっつけ本番で、最高のパフォーマンスを見せなければいけないのが11年ワールドカップ時の日本代表の現実だったのだ。

「フランスクラスと戦うのはワールカップが初めて。直前にイタリアと対戦して『強さを知りました』と言っても、短期間でやれることは限られていたし、現実的にはフランスはそれより強いことが想定されるわけで、勝ち方としては一か八かになってしまう。それは根本的な強化というよりは直前対策に過ぎなかった」

## 「リリース!」の声の主はレフリーだったのか、それとも…

ニュージーランドに大敗した後、3戦目で対戦したトンガは、PNCでしっかり勝ちきっていた相手のはずだったが、ワールドカップ本番では全く違うレベルの相手になっていたというもうひとつの現実も突きつけられた。

過去4年間のPNCでは一度もプレーしていなかった、〝欧州組〟で固めたフロントローが中心となったトンガにスクラムでプレッシャーをかけられ続けるなど、日本はセットプレーから崩されて完敗（18－31）。

それまでの4年間、PNCでは負けていなかった相手に力負けするかたちで「2勝」という目標達成の可能性が消えただけに、最後の10分でフランスに離された初戦のときよりもショックは大きかった。

「相手のプレッシャーもあったけど、自分たちでプレッシャーに負けていた気がする。それがワールドカップなのかもしれないけど、普段どおりしにくい中でいかに普段どおりできるか。最後のカナダ戦は80分間楽しめるようにしたい」

そして迎えた、20年ぶりに歴史を変えるラストチャンスとなったカナダ戦のロッカールーム。試合前の声がけでは「いつもどおりに」が口癖だった「キャプテンらしくないキャプテン」が珍しく感情を爆発させる。

「勝ちたい!」

カナダに先制トライこそ許したものの、前半は日本ペースの時間帯が続き、17-7と10点リードで折り返し。

後半、風下となった日本はトライを奪えず、逆にカナダに4分、35分と2本のトライを奪われて3点差とされた後、終了1分前に同点PGを決められて、なんと2大会連続となる引き分けに持ち込まれてしまう。

実は、カナダに同点に追いつかれる直前、菊谷は自分の手でチームのピンチを救い勝利を手繰り寄せられたかもしれない状況に直面していた。

日本陣内に入ってボールをターンオーバーしたカナダのアタック。ブレイクダウンとなった場面で相手ボールをジャッカルしかけたのだ。ターンオーバーできればそのまま逃げ切れる確率が高くなる状況で菊谷の耳に飛び込んできたのは「リリース！」の声。

それがレフリーの声ならば、つかみかけたボールから手を離さなければならないが、レフリーの声を装ったカナダ選手の可能性もあった。

結局、菊谷はペナルティを恐れて、ジャッカルを放棄。その後、日本は密集での反則を取られ、カナダにＰＧを決められて同点に追いつかれてしまう。

「リリース！」の声を出したのは誰だったのか。おそらく永遠にわからないだろう。

「悔やんでも悔やみきれない」というそのプレーで、菊谷はワールドカップでの戦いを終えた。


「何が足りなかったのか。いまはわからない」

２０１１年9月。ニュージーランドでの戦いを終えた後、そう語っていた菊谷にとって、ワールドカップで日本代表のキャプテンを務めたことは長らく負の遺産でしかなかった。

ちょうど２００７年ワールドカップ後の箕内がそうだったように、日本代表ヘッドコーチがＪＫからエディ・ジョーンズに代わったあとも、菊谷はそれまでの経験を若手に伝えていくという役割も担いながら、２０１４年まで日本代表でのプレーを続けた。

［第7章］超人的なフル出場を続けた「キャプテンらしくないキャプテン」

# 菊谷 崇

第7回ニュージーランド大会 日本代表主将

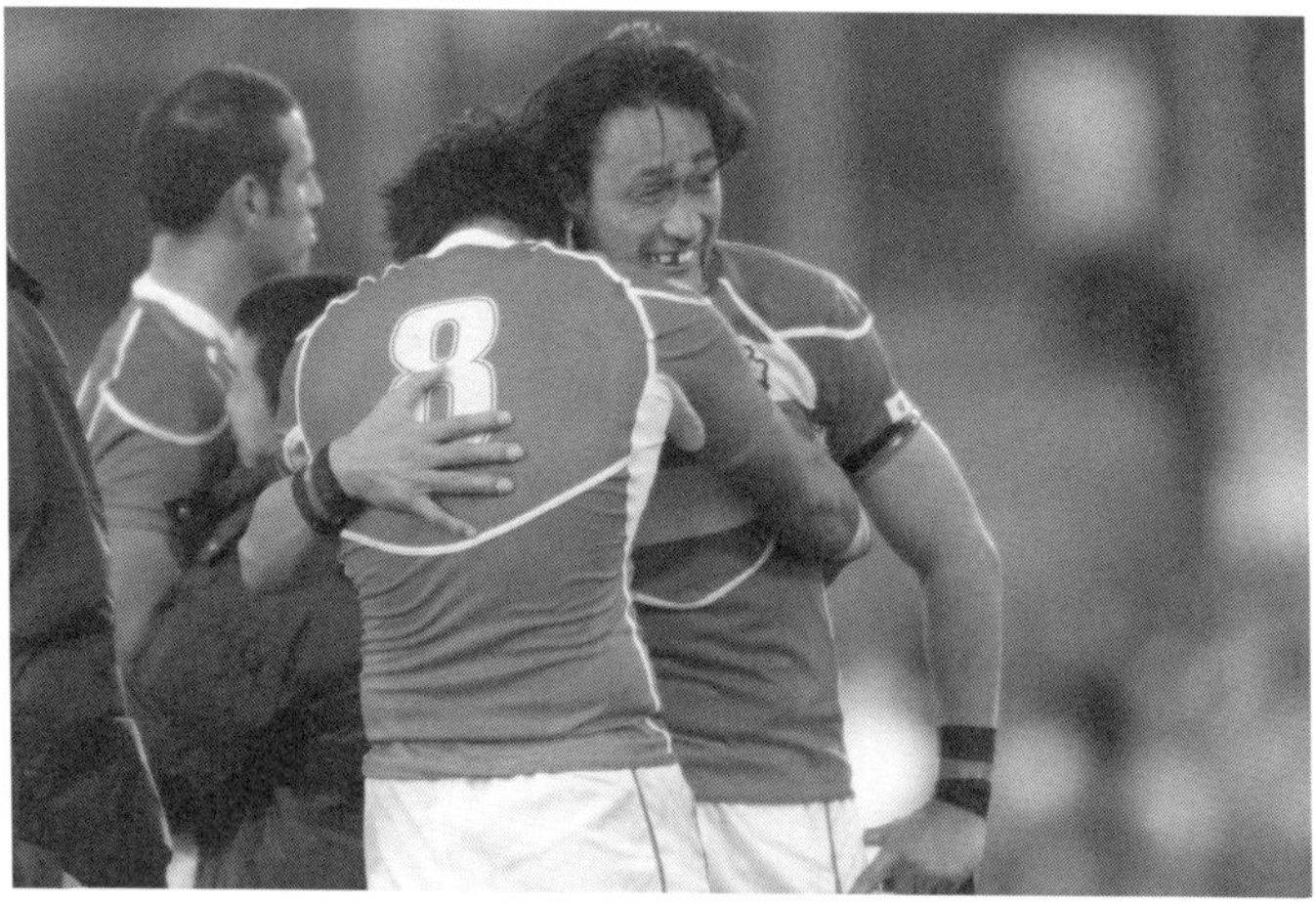

11年W杯カナダ戦終了直後。LO大野の顔を見た瞬間に抑えていた感情があふれ出た

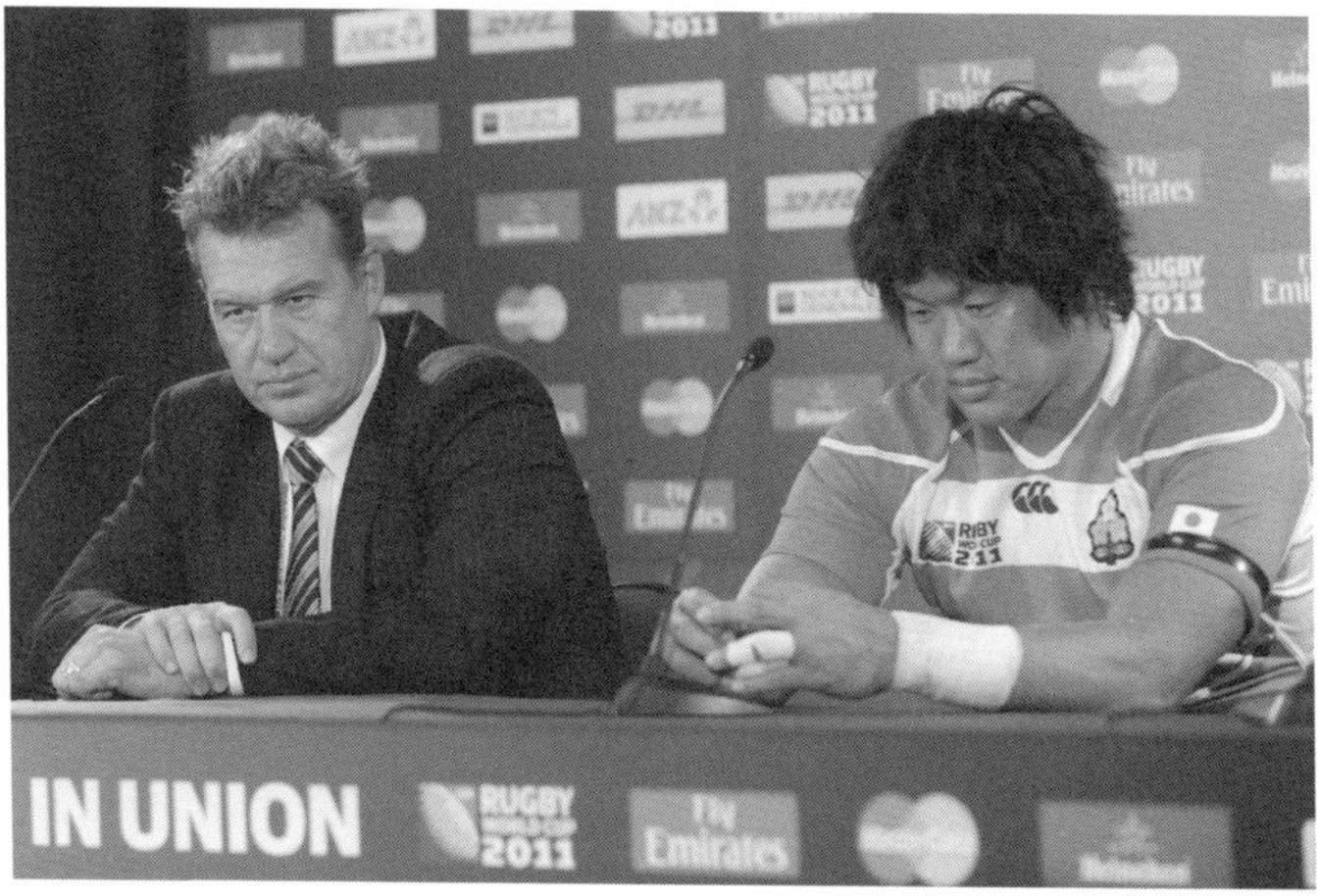


11年W杯終了後、JKと記者会見にのぞむ菊谷。経験を伝えるため14年まで代表でプレーした

「2011年にワールドカップに行って、勝てなくて、自分の中では負の遺産でしかなかったし、何の評価もできなかった。ただ、2012年に日本代表に戻って、俊朗（廣瀬＝当時の日本代表主将）をサポートしながら、自分の苦労や後悔を正直に話すことで次のチームに生かせたのだとしたなら……それは良かったかな」

菊谷が主将になったのと同じタイミングで日本代表入りしたマイケル・リーチが廣瀬のサポートを受けながらリーチ マイケルとして2015年大会で日本代表を率いて南アフリカを破り、さらに「ONE TEAM」をスローガンに2019年の日本大会ではベスト8入り。自らが「偉大なキャプテン＝箕内拓郎」の背中を見ながら学んだことも含めて、間違いなく、すべてつながっているのだ。

「本当に一歩一歩なんだな。自分たちがやっていたことも日本ラグビーが成長していくために必要だった。そういう段階だったんだな」

〝キャプテンらしくないキャプテン〟だった男がそう思えるようになったのは、ニュージーランドで戦っていたときから数えて8年後、2019年日本大会の盛り上がりを肌で感じられるようになってからだったという。

# 菊谷 崇

第7回ニュージーランド大会 日本代表主将

## 菊谷 崇（きくたに たかし）

1980年2月24日生まれ。奈良県出身。

奈良県立御所工業高、大阪体育大卒業後、トヨタ自動車入り。2014年までヴェルブリッツの主力として活躍したあと、イングランドのサラセンズを経て、キヤノンイーグルス入りし、17～18シーズンまでプレー。ラストシーズンには史上4人目のトップリーグ150試合出場も達成した。

日本代表にはエリサルドHC時代の2005年のスペイン戦で初キャップを獲得。カーワンHC時代には主将も務めて、ラグビーワールドカップ・ニュージーランド大会に出場。ジョーンズHC時代の12～14年も日本代表としてプレーするなど計68キャップ。男子セブンズ日本代表として2005年のラグビーワールドカップセブンズにも出場している。

現役引退後は、高校日本代表やU17、U20日本代表などでコーチを務めて、将来の日本代表を背負う人材の育成に尽力する一方、「ブリング・アップ」アカデミーにて、小中学生の指導にも当たっている。

Another Leaders File_6
**Kensuke Hatakeyama**

ラグビー日本代表 アナザー・リーダーズ File-6

## 世界と対峙し続けて日本を高みに導いたPR

# 畠山健介

PR/RWC2011、RWC2015出場

2019年W杯でのジェイミージャパンの世界8強入から遡ること15年。日本代表の名をつけて初の世界ベスト8入りを果たしたチームがある。

2004年のU19世界選手権に出場したU19日本代表――実はその時のメンバーがすごい。田中史朗、堀江翔太、五郎丸歩、山田章仁……そして畠山健介。15年、19年と続いたW杯での快挙を成し遂げた黄金世代が世界との戦いを始めたのが、この04年のU19代表だった。

後にHOとなった堀江はまだNO8だったが、その一方、10代でのぞんだ同大会以降、ジャパンの最前列で世界と対峙し続けたのが畠山だ。

早稲田大でも1年からメンバー入りするなど、PRとは思えない機動力とラグビーセンスで早くから名を馳せてきたが、スクラムに関しては世界との戦いで叩き上げてきた。

09～11年のJKジャパン時代には毎年のパシフィック・ネーションズカップでフィジー、サモア、トンガなどの強い当たりに慣れていき、12～15年のエディージャパン時代には本場・欧州勢に「スクラムとモールだけで負ける」ような経験を繰り返した。

「一番成長したのはセットピース」(ジョーンズHC＝当時)。15年RWCでそう賞賛されたエディージャパンの中心には、リーチ主将不在時などにはゲームキャプテンも務めた“ハタケ”がつねにいた。

1985年8月2日、宮城県出身。仙台育英高、早稲田大を経てサントリー入り。2008年11月のアメリカ戦で代表初キャップ。RWCは11年、15年大会に出場。通算78キャップ。イングランドのニューカッスルでのプレー経験もある。2020年は米メジャーリーグ・ラグビーのニューイングランドでプレー

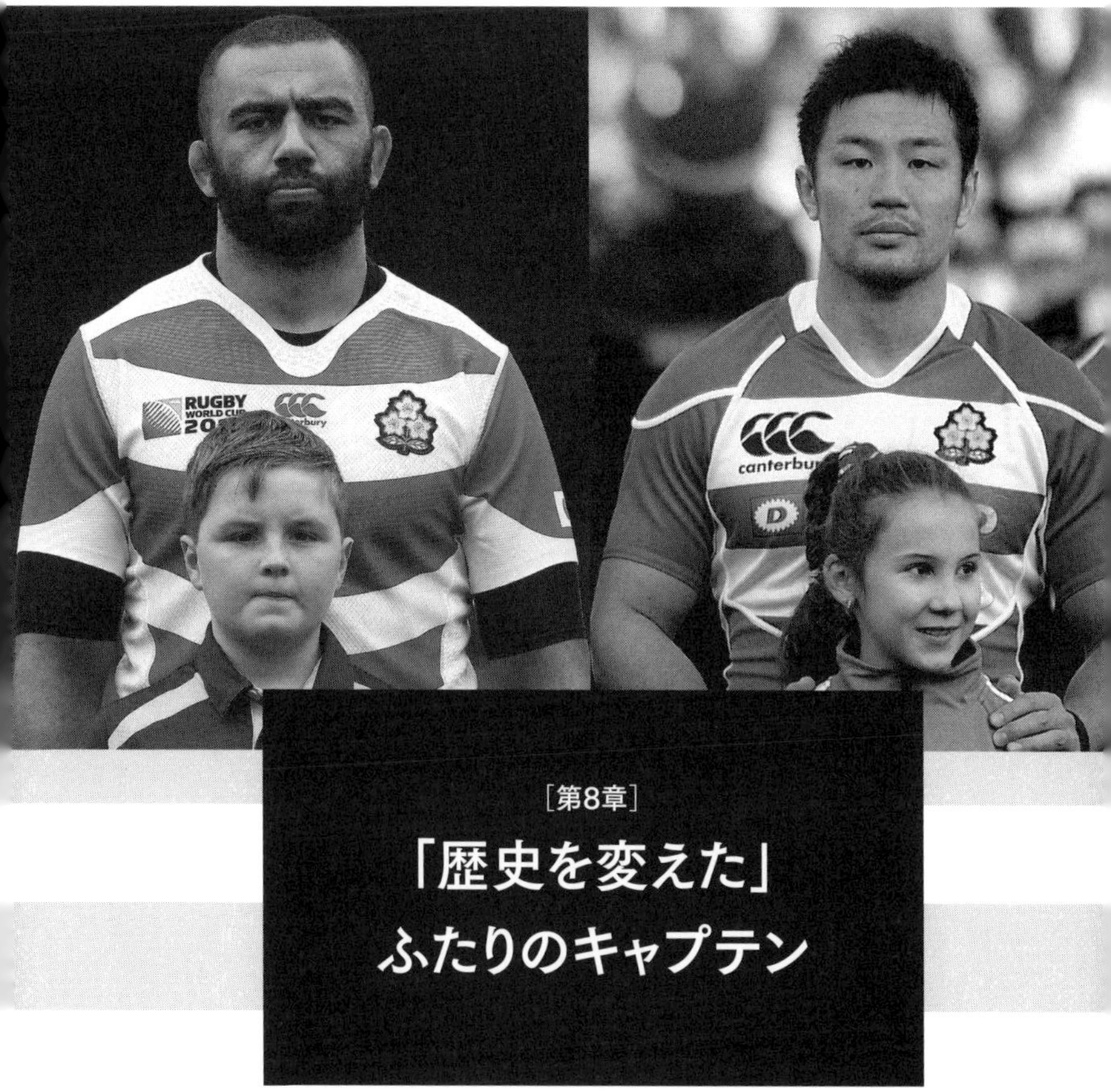

[第8章]

# 「歴史を変えた」ふたりのキャプテン

## リーチ マイケル/廣瀬俊朗

第8回 イングランド大会 日本代表主将　　2012〜2013 シーズン 日本代表主将

Michael Leitch / Toshiaki Hirose

2015 Rugby World Cup Captain　　2012-2013 Captain

# 第8回 ラグビーワールドカップ イングランド大会 概要



2015年9月18日〜10月31日
優勝＝ニュージーランド、準優勝＝オーストラリア
日本＝予選プール 3勝1敗

（日本の成績＝予選プールB組）
○ 34－32 対南アフリカ
● 10－45 対スコットランド
○ 26－5 対サモア
○ 28－18 対アメリカ

1991年の5カ国共催大会以来となった母国イングランドでの開催。イングランドの12会場に加えて、ウェールズ・カーディフのミレニアム・スタジアムでも予選プール3試合と準々決勝2試合がおこなわれた。

オーストラリア、ウェールズ、フィジー、ウルグアイと同組という〝死の組〟でプール戦を戦わなければいけなかったイングランドは、開幕戦でフィジーに35－11で順当勝ちしたものの、続くウェールズ戦（25－28）、オーストラリア戦（13－33）と連敗。プールゲーム最終戦ではウルグアイに60－3と完勝したものの、同組3位となり、プール戦敗退となった。ちなみに、メインホスト国が8強入りしなかったのは、この時のイングランドのみ。イングランドが準々決勝に進まないのも史上初の屈辱《くつじょく》だった。

# リーチ マイケル/廣瀬俊朗

第8回イングランド大会 日本代表主将 / 2012 ～ 2013 日本代表主将

マコウ主将──カーターコンビのニュージーランドが2連覇を果たした

4年前の地元大会で優勝していたニュージーランドは再び圧倒的な強さを見せて、プールCを1位通過。準々決勝で過去のW杯で痛い目にあってきたフランスを62対13という大差で退けたあと、準決勝では南アフリカの強固なDFに苦しんだものの、2点差（20－18）で振り切って、V2に王手。決勝ではライバルの豪州をダブルスコア（34－17）で破り、2大会連続3度目の世界一に輝いた。4年前は左足のケガのため、大会途中で戦線離脱したダン・カーターは決勝戦で16得点を挙げるなど前回大会の悔しさを晴らし、リッチー・マコウ主将とともにエリス・カップを掲げた。

エディー・ジョーンズHC率いる日本は、史上最大のアップセットといわれた南アフリカ戦での逆転勝利を皮切りに、スコットランドには敗れたものの、サモア、アメリカを下してプール戦3勝。ただし、勝ち点で南アフリカ、スコットランドを下回り、8強入りは逃した。

## WTB《ウィング》としてレギュラー確保できず主将降格へ

それは、やはりショッキングな決定だった。

「今シーズンのキャプテンはマイケル・リーチです」

エディー・ジョーンズヘッドコーチ体制になって3年目の春。２０１4年シーズンの始動に合わせての発表だった。

「気持ち的には難しかった。（気持ちを前向きにするのに）時間がかかった」

前年までキャプテンを務めていた廣瀬俊朗は当時を振り返って、正直にそう語る。

「急にキャプテンじゃなくなって、どう振る舞えばいいかわからなかったし、どうチームに貢献していくか、バランスがよくつかめていなかった」

そんな状態はその年の夏ぐらいまで続いたという。

# リーチ マイケル/廣瀬俊朗

第8回イングランド大会 日本代表主将 / 2012～2013 日本代表主将

サントリーサンゴリアスのGM兼監督として2010～11シーズンは日本選手権制覇、翌年11～12シーズンはトップリーグと日本選手権の2冠を成し遂げていた〝エディーさん〟ことエディー・ジョーンズが日本代表ヘッドコーチに就任したのは、2012年の4月。

その就任と同時に、新主将として指名されたのが廣瀬だった。

「性格的に素晴らしい選手で繊細な感覚も持っている。いまのジャパンにはそれが必要」

2003年にオーストラリア代表のヘッドコーチとして準優勝。07年には南アフリカ代表チームアドバイザーとして優勝。ワールドカップでの経験も十分だった名将が、廣瀬をキャプテンに指名した理由がそれだった。

「とても光栄。自分らしく楽しんで、どれだけやれるか挑戦していきたい」

そんなふうに新主将としての抱負を語っていた廣瀬は当時30歳。

大阪きっての進学校である北野高校から慶應義塾大学に進み、東芝入り。ラグビーエリートというか、ラグビーをしていなくても十分エリート街道まっしぐらといっていい経歴の持ち主であることは、「浜畑譲」としてブレイクずみの今日、改めて説明する必要はないかもしれない。

それでも、その2019年の大ブレイクから遡ること7年。日本代表HCに就任したばかりのエディーの口から「キャプテン＝廣瀬」の名前が発表されたときの反応として一番多かったのは「驚き」だっただろう。

「みなさん驚きましたか？　僕も驚きました」

日本代表主将として初めてのぞんだ記者会見時。現在は日本ラグビーフットボール協会の事務用スペースとして使われている秩父宮ラグビー場内の会見場で廣瀬自身がそう語っていたことからもそれは明らかだった。

「『この人とラグビーをしたい』と思わせるリーダーシップを持っている。日本ラグビーのイメージリーダーになれる」

エディーはそう廣瀬の抜擢理由を説明した。

抜擢？　あるいは、すでに30代だった選手に使うべき言葉ではないかもしれない。ただし、かりに本人に「抜擢だったよね？」と訊《き》いたとしても、おそらく否定はしないだろう。

確かに、高校でも、大学でも、社会人になってからもキャプテンは経験した。

代表がらみでいうなら、高校日本代表主将として遠征したフランスではフランス語を使ったスピーチをして徒者《ただもの》ではないところを見せたりもした。

# リーチ マイケル/廣瀬俊朗

第8回イングランド大会 日本代表主将 / 2012～2013 日本代表主将

12年11月のルーマニア戦での廣瀬主将(右端)とリーチ(左端)

ワールドカップでも、スーパーラグビーでも、トップチームを率いた経験を持つエディが絶賛するキャプテンシーの持ち主だった廣瀬だが、2012年4月時点での日本代表キャップ数はわずかに1。

07年4月の香港戦で代表デビューを飾ったものの、同年のワールドカップ・フランス大会に向けた最終セレクションを兼ねた7月の中標津《なかしべつ》合宿終了後に日本代表スコッドから落選。以降、JKジャパン時代には日本代表としてプレーすることはなかった。

キャプテンシーは素晴らしいが、果たして日本代表として絶対的なレギュラーポジションを確保できるのか――。

それが廣瀬主将誕生時の一番の懸念だっ

たことは間違いなく、結局、その懸念を払拭できなかったことが2年後のキャプテン交代に関する最大の、いや唯一の理由だっただろう。

「自分が悪かった。ウィングで出るだけのスピードなかった。それは明確」

廣瀬自身、そう認めてもいる。

股関節まわり、肩甲骨まわりの柔軟性を高めるなど、ジャパンのウィングにふさわしいスピードを獲得するためのトレーニングにも取り組んだ2年間だったが、エディーの期待値を満足させるまでには至らず、キャプテンの座から降りることを余儀なくされた。

## 「日本のチームでキャプテンをやるのは難しいことではない」

一方、エディーから廣瀬に代わるかたちでのキャプテン就任を打診されたリーチもすぐには首を縦には降らなかった。

日本生まれではない自分にその資格があるのか。当然、東芝のチームメイトでもある廣瀬の気持ちも考えないといけない……。

# リーチ マイケル/廣瀬俊朗

第8回イングランド大会 日本代表主将 / 2012～2013 日本代表主将

エディーがキャプテン交代という決断をふたりに伝えたのは、14年初頭。その時点でふたりはこんな会話を交わしている。

「（日本代表の）キャプテンやるんだって？」

「いや、正直どうしたらいいかわからない。迷ってます」

浜畑譲としての廣瀬俊朗と同等、あるいはもしかしたらそれ以上に、いまや日本全国どこに行ってもその存在を知らない人を探すほうが難しいくらい圧倒的な知名度を誇るようになったリーチ マイケル。

廣瀬を引き継ぐかたちでの日本代表就任を求めたエディーがリーチに期待したのは「言葉ではなくプレーで引っ張っていくこと」だったが、実際にはプレーだけではなく人間性としても廣瀬に引けを取らないくらい日本代表を引っ張っていくにふさわしい存在であることは、すでに全国津々浦々まで知れ渡っているはずだ。

15歳で日本に来たときには「179センチしかなかったし、痩せていた」といい、実際、札幌山の手時代には高校ジャパンには選ばれなかったリーチだが、東海大進学後は1年からレギュラーとして活躍し、大学2年だった2008年にはU20日本代表のキャプテンとしてワールドジュニア選手権に出場。桜のジャージを身に纏《まと》った仲間の先頭に立って世界列強との戦いをスタートさせている。

このとき、U20日本代表監督を務めていた薫田真広はリーチをキャプテンにした理由に関して以下のように語る。

「体はまだ細かったが、世界に通用するスピード、スキルに加えて、日本人の心を持っていた。将来、日本代表を引っ張っていく存在になってもらいたいと考えた」

リーチ自身、そのU20時代のチームメイトのことを「最高の仲間たち」と語り、「あのときの経験があるから日本代表でもキャプテンを引き受けたというのもある」という。

そうした経験もあり、「日本のチームでキャプテンをやるのは難しいことではない」と語るリーチは、廣瀬も含めた周りの人たちのアドバイスもあり、悩みに悩んだ末にエディーに「Ｙｅｓ」の返事をして、キャプテンとして日本代表を引っ張っていくことを決断する。

一方の廣瀬にとっては、自分の跡を継ぐのがリーチだということが、どうしたって落ち込んでしまう心境から抜け出していけた要因であり、一種の救いでもあったという。

「（自分の跡のキャプテンが）マイケルじゃなかったら、3年目の時点で『辞める』と言っていたかもしれない。彼がキャプテンだったから『もう一度頑張りたい』と思えた部分はある。すごく気を遣う奴だし、繊細なところもある。個人的に彼のことが好きだし、ほかの仲間のことも好きだったので、時間はかかったけど、最終的には日本代表というチームのために還元したいなという気持ちになれた」

## 数少ないチャンスを生かし、W杯メンバー入りした廣瀬

廣瀬主将時代の2012～2013年シーズンのテストマッチ成績をまとめておくと、以下のようになる（アジア5カ国対抗を除く）。

2012年

- ●19－25 対フィジー（6月5日H）
- ●20－24 対トンガ（6月10日H）

●26－27 対サモア（6月17日H）
○34－23 対ルーマニア（11月10日A）
○25－22 対ジョージア（11月17日A）
2013年
●17－27 対トンガ（5月25日H）
●8－22 対フィジー（6月1日A）
●18－22 対ウェールズ（6月8日H）
○23－8 対ウェールズ（6月15日H）
○16－13 対カナダ（6月19日H）
○38－20 対アメリカ（6月23日H）
●6－54 対ニュージーランド（11月2日H）
●17－42 対スコットランド（11月9日A）
○40－13 対ロシア（11月15日N）
（※日付の後の英文字はH＝ホーム、A＝アウェー、N＝中立地）

一方、リーチ主将になってから2015年ワールドカップ前までのテストマッチ成績は以下のとおりだ（アジア5カ国対抗、アジアラグビーチャンピオンシップを除く）。

2014年
○ 33－14サモア（5月30日H）
○ 34－25対カナダ（6月7日A）
○ 37－29対アメリカ（6月14日A）
○ 26－23対イタリア（6月21日H）
○ 18－13対ルーマニア（11月15日A）
● 24－35対ジョージア（11月23日A）
2015年
○ 20－6対カナダ（7月18日N）
● 18－23対アメリカ（7月24日A）
● 22－27対フィジー（7月29日N）
● 20－31対トンガ（8月3日N）
○ 30－8対ウルグアイ（8月22日H）
○ 40－0対ウルグアイ（8月29日H）

○　13－10 対ジョージア（9月5日N）

（※日付の後の英文字はH＝ホーム、A＝アウェー、N＝中立地）

14年春にキャプテンではなく一プレーヤーとしてのチャレンジを始めた廣瀬だったが、同時にポジションをそれまでのウィングからスタンドオフ（SO）に変えている。

確かに大学までは主にSOとしてプレーしていたが、東芝入りしてからは「14番」が廣瀬の定位置であり、「本来、代表の10番に選ばれるのはトップリーグで10番として活躍してから。自分の場合は東芝ではほとんど10番でプレーしていなくて土台がなかった」と、厳しい状況での日本代表メンバーへの生き残りを余儀なくされることになった。

前記した14年以降のテストマッチで廣瀬が10番を着けて日本代表としてプレーした試合はゼロ。

なかなかチャンスすら与えられない中、負傷退場した立川理道《はるみち》に代わって前半25分から途中出場した15年7月のカナダ戦は廣瀬にとって「数少ないチャンスをものにした」試合となった。

ゲインラインの付近の攻防で体を張り、なおかつ、まわりをうまく生かす判断も冴《さ》え、

20－6で快勝したチームの司令塔として十分アピールしてみせた。

「あれがなかったら、ワールドカップメンバーに選ばれていなかったかもしれない」と、本人は手応えをつかみ、エディーからも「よかった」との評価を受けた。

このカナダ戦のパフォーマンスにより、正々堂々ワールドカップスコッド入りした廣瀬だったが、残念ながら、以降、日本代表としてプレーしたのはワールドカップ壮行試合の位置づけにあったウルグアイ代表との第1テストで後半22分から途中出場したときの一度きりとなってしまう。

ジャパンがセンセーションを巻き起こした2015年9～10月のイングランド。すべてのラグビー選手が目標にするワールドカップの舞台で、廣瀬が桜のジャージを着てピッチに立つことも、もっと言えばベンチ入りすることすらなかった。

## 最後まで「少しずつはうまくなった」前主将の努力

2015年10月6日、イングランド西部ウォリック。日本代表がワールドカップ期間中の練習グラウンドとして使用していたウォリック・スクールのグラウンドは、霜が降りているのでは？　と思うほど冷え込んでいたにもかかわらず、日本人報道陣の熱気に包まれていた。

ワールドカップ期間中、チームトレーニングの取材時間は厳しく制限される。スタート時に15分間のみ練習の様子を目にできるというのが、エディージャパンの基本線だったが、この日だけは15分が過ぎてもチームスタッフから取材終了の合図は出ず、1時間近くにわたって練習を見ることができたのだった。

このとき、ひと際、輝きを見せていたのが廣瀬だった。

「練習で意識しているのは自分のスキルをしっかりさせること。しっかり準備して、一貫性を持って取り組んでいるつもり。試合に出ていないのできちんとはわからないけど、たぶん少しずつはうまくなっている」

当時の廣瀬のコメントだ。

ちょうど第3戦のサモア戦が終わったばかりだったということもあって、主力組がリカバリーにフォーカスする一方、廣瀬をはじめとする控え組にとっては5日後に控えるプール最終戦＝アメリカ戦に出る最後のアピールの場だったという面もあったのだろう。大会

# リーチ マイケル/廣瀬俊朗

第8回イングランド大会 日本代表主将 / 2012～2013 日本代表主将

W杯期間中の練習時の廣瀬。メンバー入り目指し、つねに100%だった。右端はリーチ主将

期間中、唯一、まともに見ることができたジャパンの練習時に感じたのは、エディージャパンの快進撃が試合に出ているメンバーだけではなく、控えメンバーも含めたチーム全体の力によってもたらされているものだということ。

そして、その中心には間違いなくエディージャパンの初代主将がいた。

「何よりも凄いのは、試合に出るために誰よりも努力したところ。毎日休むことなく、自分のコンディションを整えて、ピッチに出てきていた。ジャパンというチームの文化をつくってくれたし、次につながる貢献をしてくれた」

メンバー入りすることはなかったもの

の、チームのため、そしてもちろん自分のため、イングランドで過ごした1カ月半の間、100％チームへの貢献を続けてくれた廣瀬のことを、リーチはのちにそんなふうに絶賛した。

## 南ア戦大逆転劇は「主将のいいプレーと好判断」から生まれた

「みんなグラウンド外のことも一生懸命やってくれたし、相手チームのアタックパターン、ディフェンスパターンを勉強して、チームのためになってくれた。本当は試合に出たかったはずなのに」

イングランドでの戦いを終えたあと、廣瀬に代表されるような試合に出られなかったメンバーのチームへの貢献に関して、リーチはそんなふうに語っていた。

「日本チームのキャプテンをするのは難しくない」とリーチが断言するのは、一人ひとりに自分を犠牲にしてもチームのために貢献するという文化があるから。最初は前任者の廣瀬がびっくりするぐらい悩みながらも、最終的に日本代表主将になることを引き受けたの

# リーチ マイケル/廣瀬俊朗

第8回イングランド大会 日本代表主将 / 2012～2013 日本代表主将

15年W杯南アフリカ戦。低い姿勢でボールキャリーを続けたリーチはチームを鼓舞した

も、エディージャパンの仲間が、そうした日本人の良さを兼ね備えたメンバーだという確信が持てたから。

ジャパン・ウェイ。

リーチにとって、エディージャパンが掲げた、そのキャッチフレーズは自らを育ててくれた日本ラグビーが世界に通用するものであることを証明するための戦いでもあり、それはすなわちリーチ マイケルという存在証明でもあったのかもしれない。

「高校時代には毎日3時間猛練習して、大学時代には4～5時間に毎日の練習時間が増えた。そんな生活に7年間も耐え続けることはふつうのニュージーランド人には不可能だ」

自らがリーダーとして選んだ人間がいかにジャパン・ウェイを標榜するチームを率いるに相応しい存在であるかを、自らも毎朝5時からの3部練習をというハードトレーニングを選手たちに課し続けたエディーはそんなふうに説明する。

当《とう》のリーチ自身も日本流の「根性連」がいまの自分のベースをつくってくれたことを否定しない。

2015年9月19日、イングランド南部ブライトン。

エディージャパンが南アフリカを破って「世界を変えた」この日、ジャパン・ウェイの申し子、リーチの存在は際立っていた。

「自分はずっとラグビー日本人と一緒にラグビーをやってきて、日本人がどう考えて、どう感じるかわかっている。みんな協力してくれるし、自分が気をつけるのは自分がいいプレーをして、いい判断をすること」

そんなふうに「日本のチームでキャプテンをすることは難しくない」と語るリーチは前半29分にモールからトライを決めたプレーに象徴されるように、攻守にチームを鼓舞する「いいプレー」を続けた。

# リーチ マイケル/廣瀬俊朗

第8回イングランド大会 日本代表主将 / 2012～2013 日本代表主将

15年W杯で歴史を塗り替えた日本代表。「ふたりの主将」の存在は大きかった

そして、リーチが考えるジャパンのキャプテンのもうひとつの条件、すなわち「いい判断」に関しては、やはりその試合のあの場面に言及しなければならないだろう。

すでに後半40分。29－32で迎えた試合終了間際、日本は怒涛《どとう》のアタックを続けて、南アフリカ陣ゴール前に攻め込んでいた。ドライビングモールからのグランディングが認められずに5mスクラムとなり、そのスクラムで南アフリカが反則。

あまりにも有名な「キャプテンの造反」は、このペナルティキック時に起きた。

引き分けという結果を求めて「ショット」、すなわちペナルティゴールによる3点狙いを指示した指揮官に対して、自分たちが求めてきた結果は引き分けではないと、

「あくまでも勝利」にこだわったキャプテンはスクラムを選択。

その最後のスクラムからのアタックで、「世界を変えた」カーン・ヘスケスの逆転トライが生まれたのだ。

つまり、このときのキャプテンの「いい判断」はワールドカップでの勝負を知り尽くしていたはずのエディーの想像さえ超えて、チームに歴史的勝利をもたらしたことになる。

ちなみに、このときのジャパンは最後のスクラムから7フェイズ目のアタックで逆転トライを決めているが、リーチはそのうち3フェイズで効果的なボールキャリーでチャンスを広げるという驚異的なプレーぶりを見せた。すでに80分以上プレーしたあとだったのに、である。

エディージャパンがワールドカップで勝つための戦い方として掲げてきたジャパン・ウェイは、このとき、指揮官が考えていた以上の力を持つ「世界を変えるためのもの」に進化したのだ。

# リーチ マイケル/廣瀬俊朗

第8回イングランド大会 日本代表主将 / 2012～2013 日本代表主将

## 廣瀬 俊朗（ひろせ としあき）

1981年10月17日生まれ。大阪府出身
大阪府立北野高、慶應義塾大卒業後、東芝入り。
2007年4月の香港戦で代表初キャップを獲得したが、以降ジョン・カーワンHC時代は日本代表としてはプレーしないまま、12年4月、エディー・ジョーンズHC誕生と同時に日本代表主将就任が発表されたが、14年以降はリーチ マイケルに主将の座を譲った
高校、大学、社会人と各チームで主将を務めるなど、そのリーダーシップが高い評価を受けてきた。15年W杯終了後の16年3月に現役引退発表。日本代表キャップ数28。19年W杯前に放映されたテレビドラマ『ノーサイド・ゲーム』（TBS系）の浜畑譲役でも注目を集めた。

※リーチ マイケルのプロフィールはP27に掲載

Another Leaders File_7
**Shota Horie**

ラグビー日本代表 アナザー・リーダーズ File-7

## 自ら海外に赴き世界レベルのプレーヤーに

# 堀江翔太

HO/RWC2011、RWC2015、RWC2019出場

「海外、行きますわ」

またも1勝が遠かったW杯での戦いを終えたばかり。無念の引き分けに終わったカナダ戦のファイナルホイッスルが鳴って、30分は経っていなかった。2011年9月27日、ニュージーランド・ネイピア。

茫然自失といった感じでマクリーン・パークのピッチ上に立ち尽くす選手たちの中、HOに転向してまだ3年ほどだった若きサクラの2番はひととおり悔しさを露わにしたあと、静かにそう決意を語った。

世界で勝つためには、世界で戦う経験を増やさないといけない――。

JKジャパンの一員として戦ったW杯での苦い経験から1年半後の13年2月。有言実行を絵に描いたように、ニュージーランドでの修業生活も経た堀江はレベルズ(豪州メルボルン)のリザーブメンバーとしてスーパーラグビー開幕日を迎えていた。

「個々のフィジカルが強いので、つねに気を抜けない。でもアジリティやスキルは日本人の方が上」

その後、2015年イングランド大会で3勝、そして2019年日本大会で4勝。そのすべての試合で桜のジャージの「2」を背負い続けた堀江。海外で揉まれ続けながら蓄えた経験が日本のラグビーファンの歓喜につながったことを否定する人はいないはずだ。

1986年1月21日、大阪府出身。島本高、帝京大を経て三洋電機(現パナソニック)入り。2009年11月のカナダ戦で代表初キャップ。RWCは11年から3大会連続出場。立川理道と共にジョセフHC体制下の初代主将

《巻末資料》

# 1987-2019
# ラグビーワールドカップ
# 日本代表スコッド　一覧

1987-2019
Rugby World Cup
Japan National Team
Squad

**1987 ラグビーワールドカップ　日本代表スコッド**

| ポジション | 名前 | 所属 |
|---|---|---|
| FW | 八角 浩司 | トヨタ自動車 |
| FW | 木村 敏隆 | ワールド |
| FW | 藤田 剛 | 日新製鋼 |
| FW | 広瀬 務 | 同志社大 |
| FW | 洞口 孝治 | 新日本製鐵釜石 |
| FW | 相沢 雅晴 | リコー |
| FW | 大八木 淳史 | 神戸製鋼 |
| FW | 栗原 誠治 | サントリー |
| FW | 桜庭 吉彦 | 新日本製鐵釜石 |
| FW | 宮本 勝文 | 同志社大 |
| FW | ◎ 林 敏之 | 神戸製鋼 |
| FW | シナリ・ラトゥ | 大東文化大 |
| FW | 千田 美智仁 | 新日本製鐵釜石 |
| FW | 河瀬 泰治 | 摂南大助手 |
| HB | 生田 久貴 | 三菱商事 |
| HB | 萩本 光威 | 神戸製鋼 |
| HB | 平尾 誠二 | 神戸製鋼 |
| HB | 松尾 勝博 | ワールド |
| TB | 大貫 慎二 | サントリー |
| TB | 沖土居 稔 | サントリー |
| TB | 朽木 英次 | トヨタ自動車 |
| TB | 吉永 宏二郎 | マツダ |
| TB | 吉野 俊郎 | サントリー |
| TB | ノフォムリ・タウモエフォラウ | 三洋電機 |
| FB | 向井 昭吾 | 東芝府中 |
| FB | 村井 大次郎 | 丸紅 |

※◎はキャプテン

## 1991 ラグビーワールドカップ　日本代表スコッド

| ポジション | 名前 | 所属 |
|---|---|---|
| FW | 太田 治 | 日本電気 |
| FW | 木村 賢一 | トヨタ自動車 |
| FW | 薫田 真広 | 東芝府中 |
| FW | 藤田 剛 | 日本IBM |
| FW | 田倉 政憲 | 三菱自動車工業京都 |
| FW | 高橋 一彰 | トヨタ自動車 |
| FW | 林 敏之 | 神戸製鋼 |
| FW | エケロマ・ルアイウヒ | ニコニコ堂 |
| FW | 大八木 淳史 | 神戸製鋼 |
| FW | 梶原 宏之 | 東芝府中 |
| FW | 宮本 勝文 | 三洋電機 |
| FW | 中島 修二 | 日本電気 |
| FW | 大内寛文 | 龍谷大 |
| FW | シナリ・ラトゥ | 三洋電機 |
| HB | 堀越 正巳 | 神戸製鋼 |
| HB | 村田 亙 | 東芝府中 |
| HB | 松尾 勝博 | ワールド |
| HB | 青木 忍 | リコー |
| TB | 吉田 義人 | 伊勢丹 |
| TB | ◎ 平尾 誠二 | 神戸製鋼 |
| TB | 朽木 英次 | トヨタ自動車 |
| TB | 元木 由記雄 | 明治大 |
| TB | 増保 輝則 | 早稲田大 |
| TB | 松田　努 | 関東学院大 |
| FB | 細川 隆弘 | 神戸製鋼 |
| FB | 前田 達也 | NTT関西 |

## 1995 ラグビーワールドカップ　日本代表スコッド

| ポジション | 名前 | 所属 |
|---|---|---|
| FW | 太田 治 | NEC |
| FW | 浜辺 和 | 近鉄 |
| FW | ◎ 薫田 真広 | 東芝府中 |
| FW | 弘津 英司 | 神戸製鋼 |
| FW | 田倉 政憲 | 三菱自動車工業京都 |
| FW | 高橋 一彰 | トヨタ自動車 |
| FW | 桜庭 吉彦 | 新日本製鐵釜石 |
| FW | ブルース・ファーガソン | 日野自動車 |
| FW | 赤塚 隆 | 明治大 |
| FW | 梶原 宏之 | 勝沼クラブ |
| FW | シナリ・ラトゥ | 三洋電機 |
| FW | 井沢 航 | 東京ガス |
| FW | シオネ・ラトゥ | 大東文化大 |
| FW | 羽根田 智也 | ワールド |
| HB | 堀越 正巳 | 神戸製鋼 |
| HB | 村田 亙 | 東芝府中 |
| HB | 松尾 勝博 | ワールド |
| HB | 廣瀬 佳司 | 京都産業大 |
| TB | 吉田 義人 | 伊勢丹 |
| TB | 増保 輝則 | 神戸製鋼 |
| TB | 元木 由記雄 | 神戸製鋼 |
| TB | 平尾 誠二 | 神戸製鋼 |
| TB | 吉田 明 | 神戸製鋼 |
| TB | ロペティ・オト | 大東文化大 |
| FB | 今泉 清 | サントリー |
| FB | 松田 努 | 東芝府中 |

| 1999 ラグビーワールドカップ　日本代表スコッド | | |
|---|---|---|
| ポジション | 名前 | 所属 |
| FW | 長谷川 慎 | サントリー |
| FW | 中道 紀和 | 神戸製鋼 |
| FW | 薫田 真広 | 東芝府中 |
| FW | 坂田 正彰 | サントリー |
| FW | 中村 直人 | サントリー |
| FW | 小口 耕平 | リコー |
| FW | ロバート・ゴードン | 東芝府中 |
| FW | 大久保 直弥 | サントリー |
| FW | 桜庭 吉彦 | 新日本製鐵釜石 |
| FW | 田沼 広之 | リコー |
| FW | グレッグ・スミス | 豊田自動織機 |
| FW | 渡邉 泰憲 | 東芝府中 |
| FW | 石井 龍司 | トヨタ自動車 |
| FW | 木曽 一 | 立命館大 |
| FW | ジェイミー・ジョセフ | サニックス |
| FW | 伊藤 剛臣 | 神戸製鋼 |
| HB | グレアム・バショップ | サニックス |
| HB | 村田 亙 | 東芝府中 |
| HB | 廣瀬 佳司 | トヨタ自動車 |
| HB | 岩渕 健輔 | 神戸製鋼 |
| TB | 増保 輝則 | 神戸製鋼 |
| TB | パティリアイ・ツイドラキ | トヨタ自動車 |
| TB | 元木 由記雄 | 神戸製鋼 |
| TB | 吉田 明 | 神戸製鋼 |
| TB | ◎ アンドリュー・マコーミック | 東芝府中 |
| TB | 古賀 淳 | 三洋電機 |
| TB | 大畑 大介 | 神戸製鋼 |
| TB | 三木 亮平 | 龍谷大 |
| FB | 松田 努 | 東芝府中 |
| FB | 平尾 剛史 | 神戸製鋼 |

| 2003 ラグビーワールドカップ　日本代表スコッド | | |
|---|---|---|
| ポジション | 名前 | 所属 |
| FW | 長谷川 慎 | サントリー |
| FW | 山本 正人 | トヨタ自動車 |
| FW | 坂田 正彰 | サントリー |
| FW | 網野 正大 | NEC |
| FW | 豊山 昌彦 | トヨタ自動車 |
| FW | 山村 亮 | 関東学院大 |
| FW | 久保 晃一 | ヤマハ発動機 |
| FW | 木曽 一 | ヤマハ発動機 |
| FW | 田沼 広之 | リコー |
| FW | アダム・パーカー | 東芝府中 |
| FW | 渡邉 泰憲 | 東芝府中 |
| FW | 大久保 直弥 | サントリー |
| FW | ◎ 箕内 拓郎 | NEC |
| FW | 浅野 良太 | NEC |
| FW | 伊藤 剛臣 | 神戸製鋼 |
| FW | 斉藤 祐也 | コロミエ |
| HB | 苑田 右二 | 神戸製鋼 |
| HB | 辻 高志 | NEC |
| HB | アンドリュー・ミラー | 神戸製鋼 |
| HB | 廣瀬 佳司 | トヨタ自動車 |
| TB | 栗原 徹 | サントリー |
| TB | 小野澤 宏時 | サントリー |
| TB | 元木 由記雄 | 神戸製鋼 |
| TB | 難波 英樹 | トヨタ自動車 |
| TB | ジョージ・コニア | NEC |
| TB | ルーベン・パーキンソン | サニックス |
| TB | 大畑 大介 | モンフェラン |
| TB | 北條 純一 | サントリー |
| FB | 松田 努 | 東芝府中 |
| FB | 吉田 尚史 | サントリー |

## 2007 ラグビーワールドカップ　日本代表スコッド

| ポジション | 名前 | 所属 |
|---|---|---|
| PR | 山村 亮 | ヤマハ発動機 |
| PR | 山本 正人 | トヨタ自動車 |
| PR | 相馬 朋和 | 三洋電機 |
| PR | 西浦 達吉 | コカ・コーラウエスト |
| HO | 松原 裕司 | 神戸製鋼 |
| HO | 猪口 拓 | 東芝 |
| LO | 大野 均 | 東芝 |
| LO | 熊谷 皇紀 | NEC |
| LO | ルアタンギ・侍バツベイ | 近鉄 |
| LO | ルーク・トンプソン | 近鉄 |
| FL/NO.8 | ◎ 箕内 拓郎 | NEC |
| FL/NO.8 | 渡邉 泰憲 | 東芝 |
| FL/NO.8 | 木曽 一 | ヤマハ発動機 |
| FL/NO.8 | ハレ・マキリ | 福岡サニックス |
| FL/NO.8 | フィリップ・オライリー | 三洋電機 |
| FL/NO.8 | 佐々木 隆道 | サントリー |
| FL/NO.8 | 浅野 良太 | NEC |
| SH | 吉田 朋生 | 東芝 |
| SH | 矢富 勇毅 | ヤマハ発動機 |
| SH | 金 喆元 | 近鉄 |
| SO | 小野 晃征 | 福岡サニックス |
| SO | 大西 将太郎 | ヤマハ発動機 |
| CTB | ナタニエラ・オト | 東芝 |
| CTB | 今村 雄太 | 神戸製鋼 |
| CTB | 平 浩二 | サントリー |
| CTB/FB | ブライス・ロビンス | リコー |
| WTB | 小野澤 宏時 | サントリー |
| WTB | 遠藤 幸佑 | トヨタ自動車 |
| WTB | クリスチャン・ロアマヌ | 埼玉工業大 |
| FB | 有賀 剛 | サントリー |

## 2011 ラグビーワールドカップ　日本代表スコッド

| ポジション | 名前 | 所属 |
|---|---|---|
| PR1 | 平島 久照 | 神戸製鋼 |
| PR1 | 川俣 直樹 | パナソニック |
| HO | 青木 佑輔 | サントリー |
| HO | 堀江 翔太 | パナソニック |
| HO | 湯原 祐希 | 東芝 |
| PR3 | 畠山 健介 | サントリー |
| PR3 | 藤田 望 | ホンダ |
| LO | 大野 均 | 東芝 |
| LO | 北川 俊澄 | トヨタ自動車 |
| LO | トンプソン ルーク | 近鉄 |
| LO | ジャスティン・アイブス | パナソニック |
| FL | ◎ 菊谷 崇 | トヨタ自動車 |
| FL | マイケル・リーチ | 東芝 |
| FL | バツベイ シオネ | パナソニック |
| NO.8 | ホラニ 龍コリニアシ | パナソニック |
| NO.8 | 谷口 至 | 神戸製鋼 |
| SH | 田中 史朗 | パナソニック |
| SH | 吉田 朋生 | 東芝 |
| SH | 日和佐 篤 | サントリー |
| SO | ジェームス・アレジ | ノッティンガム |
| SO | マリー・ウィリアムス | 豊田自動織機 |
| CTB | 今村 雄太 | 神戸製鋼 |
| CTB | ニコラス ライアン | サントリー |
| CTB | 平 浩二 | サントリー |
| CTB | アリシ・トゥプアイレイ | キヤノン |
| WTB | 小野澤 宏時 | サントリー |
| WTB | 遠藤 幸佑 | トヨタ自動車 |
| WTB | 宇薄 岳央 | 東芝 |
| FB | ウェブ将武 | コカ・コーラウエスト |
| UB | 上田泰平 | ホンダ |

## 2015 ラグビーワールドカップ　日本代表スコッド

| ポジション | 名前 | 所属 |
|---|---|---|
| FW | アイブス ジャスティン | キヤノン |
| FW | 伊藤 鐘史 | 神戸製鋼 |
| FW | 稲垣 啓太 | パナソニック |
| FW | 大野 均 | 東芝 |
| FW | 木津 武士 | 神戸製鋼 |
| FW | ツイ ヘンドリック | サントリー |
| FW | トンプソン ルーク | 近鉄 |
| FW | 畠山 健介 | サントリー |
| FW | 堀江 翔太 | パナソニック |
| FW | マイケル・ブロードハースト | リコー |
| FW | ホラニ 龍コリニアシ | パナソニック |
| FW | 真壁 伸弥 | サントリー |
| FW | アマナキ・レレイ・マフィ | NTTコム |
| FW | 三上 正貴 | 東芝 |
| FW | 山下 裕史 | 神戸製鋼 |
| FW | 湯原 祐希 | 東芝 |
| FW | ◎ リーチ マイケル | 東芝 |
| BK | クレイグ・ウィング | 神戸製鋼 |
| BK | 小野 晃征 | サントリー |
| BK | 五郎丸 歩 | ヤマハ発動機 |
| BK | マレ・サウ | ヤマハ発動機 |
| BK | 立川 理道 | クボタ |
| BK | 田村 優 | NEC |
| BK | 田中 史朗 | パナソニック |
| BK | 廣瀬 俊朗 | 東芝 |
| BK | 日和佐 篤 | サントリー |
| BK | 福岡 堅樹 | 筑波大 |
| BK | 藤田 慶和 | 早稲田大 |
| BK | カーン ヘスケス | 宗像サニックス |
| BK | 松島 幸太朗 | サントリー |
| BK | 山田 章仁 | パナソニック |

## 2019 ラグビーワールドカップ　日本代表スコッド

| ポジション | 名前 | 所属 |
|---|---|---|
| PR | 稲垣 啓太 | パナソニック |
| PR | 木津 悠輔 | トヨタ自動車 |
| PR | 具 智元 | ホンダ |
| PR | 中島 イシレリ | 神戸製鋼 |
| PR | ヴァル アサエリ愛 | パナソニック |
| HO | 北出 卓也 | サントリー |
| HO | 坂手 淳史 | パナソニック |
| HO | 堀江 翔太 | パナソニック |
| LO | トンプソン ルーク | 近鉄 |
| LO | ヴィンピー・ファンデルヴァルト | NTTドコモ |
| LO | ヘル ウヴェ | ヤマハ発動機 |
| LO | ジェームス・ムーア | 宗像サニックス |
| FL | ツイ ヘンドリック | サントリー |
| FL | 徳永 祥尭 | 東芝 |
| FL | ◎ リーチ マイケル | 東芝 |
| FL | ピーター・ラブスカフニ | クボタ |
| FL/NO.8 | 姫野 和樹 | トヨタ自動車 |
| NO.8 | アマナキ・レレイ・マフィ | NTTコム |
| SH | 茂野 海人 | トヨタ自動車 |
| SH | 田中 史朗 | キヤノン |
| SH | 流 大 | サントリー |
| SO | 田村 優 | キヤノン |
| SO/CTB | 松田 力也 | パナソニック |
| WTB | 福岡 堅樹 | パナソニック |
| WTB | アタアタ・モエアキオラ | 神戸製鋼 |
| WTB | レメキ ロマノ ラヴァ | ホンダ |
| CTB | ウィリアム・トゥポウ | コカ・コーラ |
| CTB | 中村 亮土 | サントリー |
| CTB | ラファエレ ティモシー | 神戸製鋼 |
| FB/WTB | 松島 幸太朗 | サントリー |
| FB | 山中 亮平 | 神戸製鋼 |

# おわりに

ジェイミージャパンの快進撃によって一気に新たなラグビーファンが増え、ラグビーワールドカップが2019年の大きな社会現象になったのは確かでしょう。

そのラグビーワールドカップが始まったのは本書第1章で紹介しているとおり1987年。自分がラグビーにのめり込みはじめた〝にわか〟時代でした。

ちょうどイングランドの英語学校に通っていた時期におこなわれた第1回大会は、滞在先で少々見下されているような雰囲気も感じながらアウェーでのテレビ観戦。第2回大会は東京で仕事に忙殺されながら、内緒で事務所のビデオデッキをフル稼働させて全試合録画（第2章に出てくる、平日の昼間、秩父宮に駆けつけたサラリーマンのひとりでした）。

幸いにして第3回大会以降はすべて現場を踏めているので、ラグビーワールドカップに関してはリアルタイムで楽しんできた自負もありますが、ジャパンを追うという意味では、結果だけを気にしていてはここまでワールドカップにこだわることはできなかったでしょう。何しろ、ジャパンは第3回大会から第7回大会まで1勝も挙げられなかったので。

それでも、ワールドカップでのジャパンにこだわってきた理由――それこそ本書で紹介できたラグビー人たちの存在かもしれなせん。

本書に登場いただいたキャプテン及びリーダーたちにナイスガイじゃない人間はいない（本当はキャプテンじゃないナイスガイも紹介したいのですが、構成上そうもいかず……）。

そして、そんなラグビーマンたちの魅力こそがラグビーの一番の魅力……であることは、2019年に新しくファンになった方々も十分わかっていることかと。

「ラグビーは痛みを伴うので、プレーしていて、凄く絆を感じるスポーツ。自分の体がどうなってもいいから、味方を行かせてあげるとか、みんなのために体を張って絶対止めるとか。自分が他競技出身だからこそ、そういう絆の部分というのは強く感じます」

これは、本書とは直接は関係ないものの、大学までバスケットボール選手として活躍したあとラグビーに転向した中村知春・女子セブンズ日本代表主将によるラグビーの素晴らしさ。

痛みを伴う自己犠牲を知る一流選手がナイスガイでないわけがない――勝てない時代もそこは不変でしたし、個人的には取材者側からの絆も勝手に感じていたりもしました。

令和2年1月吉日

出村　謙知

【著者プロフィール】
**出村謙知**（でむら けんじ）

1964年北海道札幌市生まれ。道立札幌南陵高校、明治大学卒。

編集・広告関係企業勤務の後、90年代初頭からフランス・パリをベースに、ラグビー、サッカー、アイスホッケーなどのスポーツ分野を中心にフォトルポルタージュを手がけてきた。現在は日本在住。

ラグビーマガジン、ナンバー、サンケイスポーツ、共同通信などの日本メディア向けにとどまらず、海外の通信社などにもラグビー写真を配信。また、上記メディアなどに向けて、記者席からではなく、ピッチサイドでの取材にこだわったレポート記事も多数執筆してきた。ラグビーW杯は1995年の南アフリカ大会以降、すべての大会をフルカバー。世界有数のラグビーテストマッチ撮影数を誇る。日本ラグビーフットボール協会やアジアラグビー（アジア協会）、ワールドラグビー（旧国際ラグビーボード）のオフィシャル撮影なども担当。

著書に『楕円球と地球～ラグビーがあるということ』。

ラグビー日本代表関連写真展『ラグビーワールドカップ2015 報道展「JAPANの衝撃」～4年前、イングランドで写真家たちが捉えた熱狂～』(2019年)、『ラグビーワールドカップ2019への軌跡～写真家たちが見つめる日本代表～』(2018年)への参加の他、ライフワークでもある世界中で撮り溜めたラグビーキッズに関する写真展『ラグビープラネット 楕円球と子どもたち』(2019年)も開催。

企画・進行…湯浅勝也
販売部担当…杉野友昭　西牧孝　木村俊介
販売部…辻野純一　薗田幸浩　亀井紀久正　平田俊也　鈴木将仁
営業部…平島実　荒牧義人
広報宣伝室…遠藤あけ美　高野実加
メディア・プロモーション…保坂陽介
FAX：03-5360-8052　Mail：info@TG-NET.co.jp

**日本ラグビー“桜のキャプテン”激闘史**
**リーチ マイケルと歴代「W杯代表主将」たちの肖像**

2020年 1月10日　初版第1刷発行

著　者　出村謙知
発行者　廣瀬和二
発行所　辰巳出版株式会社
〒160-0022
東京都新宿区新宿2丁目15番14号　辰巳ビル
TEL　03-5360-8960（編集部）
TEL　03-5360-8064（販売部）
FAX　03-5360-8951（販売部）
URL　http://www.TG-NET.co.jp
印刷・製本　大日本印刷株式会社


ISBN978-4-7778-2419-9 C0075